簡単・手軽で継続できる！

基礎感覚・技能が身につく筑波の体育授業

筑波大学附属小学校体育研究部 著

平川　譲　　眞榮里 耕太
齋藤 直人　　山崎 和人

JN212282

明治図書

はじめに

「今日の授業は，学習指導要領のどの領域に位置づけられますか」

公開授業後の協議会でこのような質問を受けることがたびたびあります。カリキュラムを編成する上で私たち教師にとっては，各領域のバランスをとることは意識しなければならないことです。一方で，授業の対象となる子どもたちにとっては，その日の学習内容がどの領域に位置づけられているのかは，大きな問題ではありません。「できるようになった」「わかった」という積み重ねが子どもたちにとっては，授業における最大のポイントになると考えています。

そのため，私たち授業者は，体育授業を通して子どもたちの体を「動ける体」として育み，一つでも多くの「できる」「わかる」を増やしていくことをねらいとしています。その結果，子どもたちが授業や学校の枠を越えて生涯にわたって運動・スポーツに親しむことができるよう成長してほしいと考えています。これが体育科の「資質・能力」の中心的位置づけであります。

ここ数年で，体育授業で取り上げられる運動・スポーツ教材が多様化しました。それにともなって多くの資料や出版物では，教材ができるようになるため，あるいは楽しむための基礎感覚・技能を身につけることに多くの時間がかけられています。これにより，一つの単元が大きくなってしまう傾向があります。また，子どもたちの技能が高まらないうちに単元が終わってしまったり，必要な感覚・技能が身についていない中で高学年の技能的に難しい運動・スポーツに取り組まなければならなかったりします。

そこで私たちは，各種運動・スポーツのつながりについて見直しました。本書では，これまで体育授業の中で取り組まれている運動・スポーツ教材の学習内容から，子どもたちに身につけさせたい基礎感覚・技能を抽出し，それらをカリキュラムの柱としました。これにより，複数の領域にわたって同じ基礎感覚を高めることに費やしていた時間を削減したり，難しすぎる学習内容を簡単にしたりして，カリキュラムのスリム化につなげることができました。

また，本書内の系統図をご覧いただけばわかりますが，一つの運動・スポーツ教材が複数の感覚・技能の項に登場することがあります。基礎感覚・技能を柱としたカリキュラムを編成する上で，これらはとりわけ価値が高いと考えています。

そして，どの感覚・技能においても低・中学年の取り組みが非常に重要になります。体が大きく成長する高学年よりも容易に様々な姿勢になったり，動きを経験したりすることができる低・中学年のうちに基礎感覚・技能を高めておくことが生涯にわたるスポーツライフを豊かにします。

以上のことを勘案したカリキュラムを編成したところ，結果として多くの運動・スポーツに親しみながら「動ける体」を育むことが可能になりました。読者の先生方の「6年間の学びの見通し」をもった授業実践の参考になれば幸いです。

2025年1月

眞榮里　耕太

CONTENTS

小学生のうちに高めておきたい「基礎感覚・技能」

低学年から手軽に継続的に
「基礎感覚・技能」を身につけていこう

⑴ 本書の趣旨

　体育授業を充実させよう，担当した子ども達を，動ける体をもつ子に育てて次の学年に送ろうという意欲をもった先生の多くが，学年当初にぶつかる壁があります。それは，前の学年までに身につけているはずの基礎感覚や技能が身についていないという子どもの実態です。新１年生，２年生の場合は，入学前の運動遊びの経験不足からくる身体操作の不器用さかもしれません。

　このような状況の学級，学校を一つでも少なくするには，各学年で身につけるべき基礎感覚や技能を確実に身につけて，次の学年に送ることが必要です。本来，これを考慮して１年生から６年生までのカリキュラムが編成されていることが望ましいのですが，運動領域や，学習指導要領解説の例示にある運動名を記載して，これを年間指導計画としている学校がほとんどでしょう。これでは各単元がどんな基礎感覚や技能をねらっているものかまでは，わかりにくいのも致し方ありません。

　そこで本書では，小学校体育授業で高めておきたい基礎感覚や技能を明らかにした上で，これらを高める運動を紹介しています。執筆陣は，筑波大学附属小学校で体育を専門に研究している４人です。私たち４人の知見だけではなく，本校に脈々と受け継がれている，基礎感覚や技能を段階的に高めていく授業のノウハウを掲載していきます。

　読者の先生方，その先生方の勤務される学校の体育授業の改善に役立てていただければ幸いです。

⑵ 本書の特徴

①低・中学年の教材を厚く

　小学校６年間を見通したとき，基礎感覚・技能を高めておく必要性がより高いのは，低学年・中学年です。ここでの体育授業が充実しないと，冒頭のような事態が起こりやすくなります。できない自分を仲間に見られたくないという強い苦手意識をもつ前に，確実に基礎感覚・技能を高めておくことが肝要です。

　このような理由から，低・中学年で扱うことが可能な教材を多く掲載しています。もちろん，基礎感覚が十分に高まっていないと感じたときには，前の学年の教材に取り組むことは，とても意味のあることだといえます。

②高めておきたい基礎感覚・技能を明確に

　小学校段階で高めておく必要があると考え，本書で取り上げている基礎感覚・技能を，次ページの一覧表で明確にお示ししています。これまで授業で扱った運動には，こんな基礎感覚・技能を高めるねらいがあったのか，という気づきのある内容になっていると考えています。

③簡単・手軽な教材を紹介

　簡単・手軽に取り組める運動や教材を紹介します。基礎感覚・技能を高めるのに有効でも，たくさんの教具が必要であったり，方法

が複雑だったりしたのでは，多忙な日々の業務の中では継続が難しくなります。

　基礎感覚や技能は，継続的な繰り返しによって高まっていくものです。できるようになったからおしまい，もうやらなくていいということではなく，できることを繰り返してこそ基礎感覚・技能が高まり，安定した運動パフォーマンスを発揮する原動力になります。

　このような意味からも，簡単・手軽さは，教材に一定の価値を与えると，私たちは考えています。読者のみなさんにすぐに取り組んでいただける教材を紹介していきます。

基礎感覚・技能の種類と各感覚の具体

基礎感覚・技能の名称	感覚の具体
逆さ感覚	逆さの姿勢に慣れて，逆さになったときに自分の姿勢や，体の動きを認識できるようにしていく感覚。
回転感覚	立位と逆位が入れ替わる運動や，これが連続する運動に慣れていく感覚。この感覚が高まると，回転中に自分の姿勢，回転の進み具合（どのくらい逆さまに近いのか）を認識して，体を操作することができるようになる。逆さまを経過する運動に慣れていく感覚なので，逆さ感覚との関連が深い。
腕支持感覚	腕で体を支える感覚。この感覚が高まると手押し車，逆立ち姿勢，鉄棒のつばめなどで，自分の体をしっかり支えられるようになる。
体の締めの感覚	お腹や背中，首，肩などにぐっと力を込める感覚。腕支持感覚との関連が深く，双方が伴って高まっていくと考えられる。
手足の協調	手と足を協調して動かす基礎技能。手と足をスムーズに動かして手足走りができたり，短なわ跳びがスムーズに跳べたりするのに必要。
潜る・浮く	水に頭を全部入れるまで潜れる，（潜れれば自然に）浮けるという技能。楽に泳ぐためには必須の技能となる。
水中での息つぎ	水中で息を吐いて，顔を上げた瞬間に強く息を吐くことで呼吸ができる技能。連続してできるようになることで，泳ぎながらの呼吸につながる。
振動感覚	振動を起こしたり，振動のリズムに合わせてさらに振動を大きくしたりする，体の操作ができるようになる感覚。
ボールの投捕	ボールを投げたり捕ったりする技能。ボール運動を楽しむためには，投げることと同様か，それ以上に捕れるようになることも大事になる。スポーツテストの数値を上げることを目的とした，投げることに特化する教材は避けたい。
相手のいないところをみつける	ボール運動全般で必要な技能。相手のいないところに走り込んだり，ボールを打ち込んだりすることにつながる。

ここで一つ確認しておきたいことがあります。基礎感覚を高める運動は，当該の基礎感覚を必要とする運動です。例えば，ふとんほしが恐いのは逆さ感覚が十分に高まっていないからで，これを高める必要があります。また，できるようになったふとんほしを繰り返すことで，逆さ感覚はさらに高まっていくという具合です。他の基礎感覚・技能も同様ですので，できるようになった運動を楽しく繰り返す工夫を，先生方も，どうぞ楽しんでみてください。

03　本書のページ構成

①基礎感覚・技能ごとに運動や教材を紹介

　運動領域や教材，種目を先に決めて紹介していくのではなく，小学校体育授業で高めておきたい基礎感覚・技能ごとに，これに有効な運動や教材を，学年（発達段階）を追って紹介していきます。これにより，前述のように，担当学年で十分に高まっていないと思われる基礎感覚や技能があった場合には，それ以前の学年に戻って，より易しい教材に取り組むことができます。また，ねらいは，ある一つの基礎感覚を高めることだという場合も，様々な教材，豊富なバリエーションで授業を構成することが可能になると考えています。

②イラストと解説

　運動のポイント，学習の場等をイラストと解説で紹介していきます。イラストは，多くの子どもの実態に合うと考えられるイラストを用います。基礎感覚・技能を高める段階で，100点満点の動きができる子は少ないからです。

　例えば，腰角の大きい前転よりは，頭の後ろを着くことを意識して，腰を上げて腰角が小さくなっている前転をモデルにイラスト化していくという具合です。

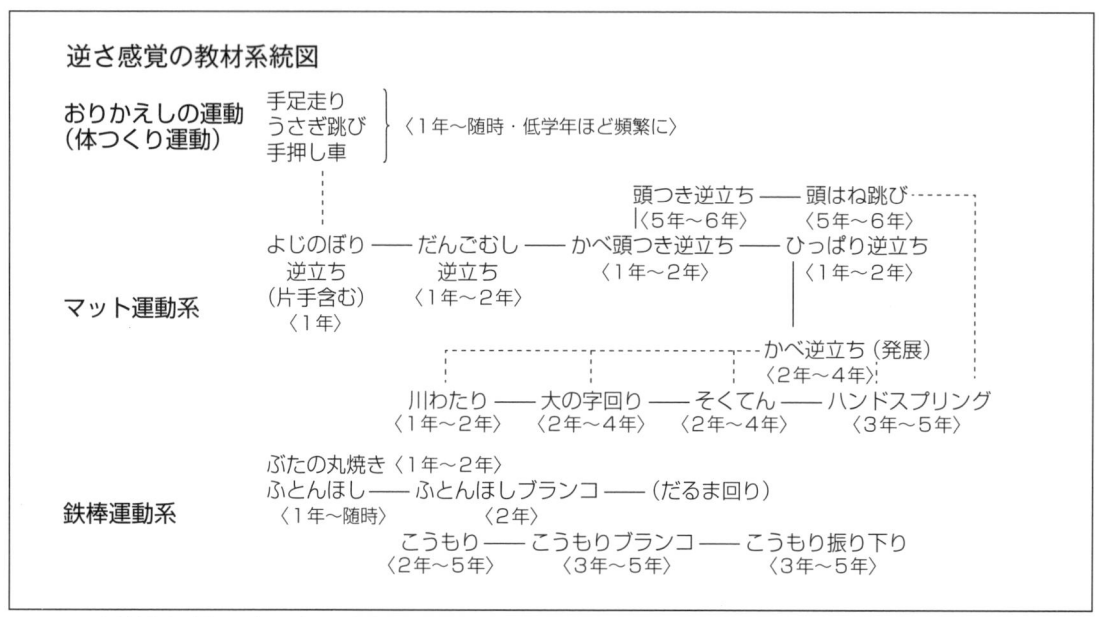

※----は直接的な系統ではないが，関連が深いもの。
※〈　〉は筑波大学附属小学校でのおおよその指導学年。帯状や天候，季節によって適宜扱うので，学年に幅が出る。

③楽しむための教材も紹介

運動をドリル的に繰り返すだけでなく，楽しみながら繰り返す教材も紹介していきます。この運動の教材化の際には，同じ方法を用いることもあります。方法が同じということは，実はメリットが大きく，子ども達が「あれと同じやり方だ！」とすぐに取り組むことができます。時間をかけずに繰り返し取り組めるというのは，基礎感覚・技能を高めるのに大変有効なのです。

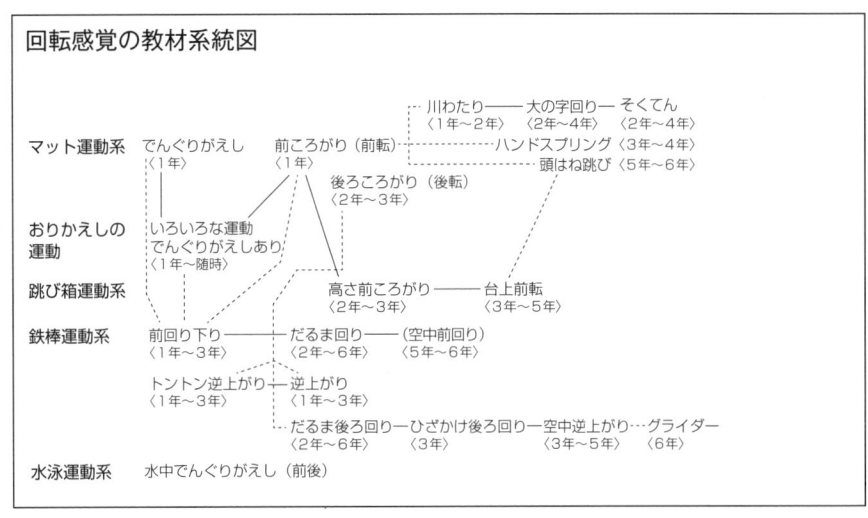

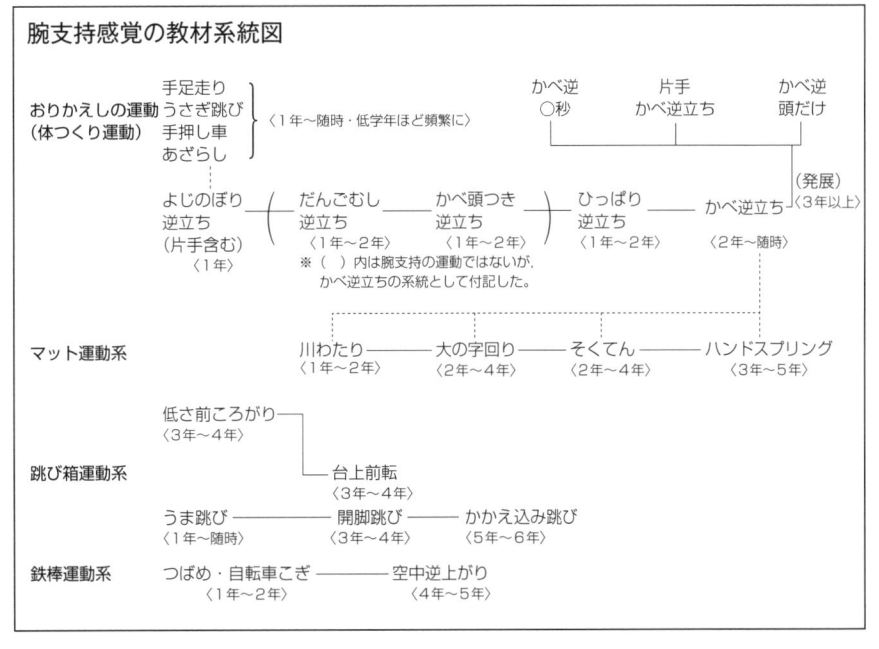

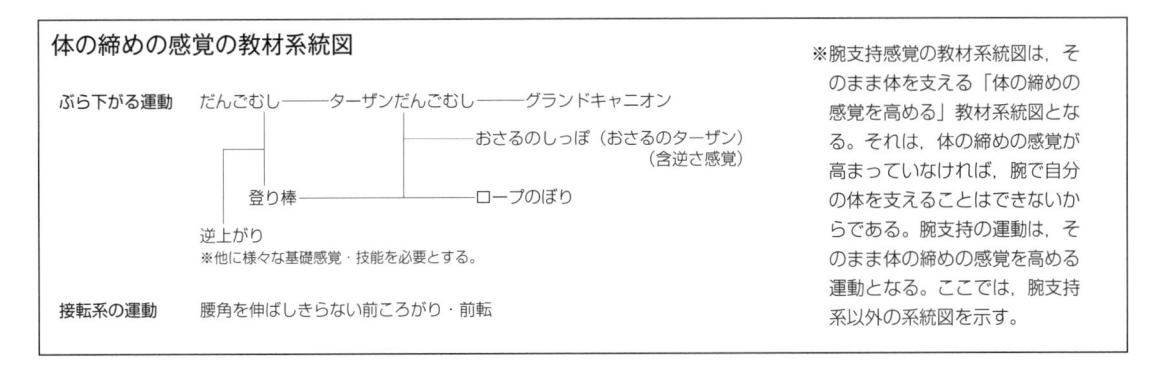

※腕支持感覚の教材系統図は，そのまま体を支える「体の締めの感覚を高める」教材系統図となる。それは，体の締めの感覚が高まっていなければ，腕で自分の体を支えることはできないからである。腕支持の運動は，そのまま体の締めの感覚を高める運動となる。ここでは，腕支持系以外の系統図を示す。

手足の協調を高める教材

※これまでの教材で扱ってきた基礎感覚と違い，手足の協調を高める教材に明確な系統があるとは考え
にくい。そこで，手足の協調については系統は示さずに教材を紹介していく。

おりかえしの運動　　　　　手足走り，うさぎ跳び，　くも歩き（前後），スキップ，大また走
　　　　　　　　　　　　　ケンケン（ケンケンパー）　　　　　バンザイスキップ

短なわ跳び（技の習得全般）

水泳　　　　　　　　　　　クロール，平泳ぎ

リズムダンス　　　※教材が多様であるため省略

振動感覚を高める教材

※手足の協調と同じように，振動感覚も明確な系統が
示しにくい。体育授業で扱う振動感覚を高める運動
は，腰かけて遊ぶブランコと違い，振動感覚以外の
基礎感覚・技能を必要とするものがほとんどである。
ここでは，振動感覚を高める運動と，これを楽しむ
ために必要な基礎感覚を並記して示す。

体つくり運動　　ターザン（体の締めの感覚）
　　　　　　　　・タ・タ・タ・タ・ターザン
鉄棒運動　　　　ふとんほしブランコ（逆さ感覚）

　　　　　　　　こうもりブランコ（逆感覚）

潜る・浮く教材

水慣れの運動
　シャワー，顔洗い，ジャンケン列車，カニ歩き，
　ワニ歩き，水中かけっこ，おじぞうさん

潜る遊び
　顔つけ，手つなぎもぐり，トンネルくぐり，
　水中ジャンケン，床タッチ，でんぐり返し，水中逆立ち

浮く遊び
　だるま浮き，くらげ浮き，大の字浮き，ふし浮き，変身浮き，
　いかだ引き，水中ドリブル，水中花，ラッコ浮き，背浮き

水中での息つぎの教材
　ブー・バッ！（1人→2人），進みながらボビング

ボールの投捕技能を高める教材

※ボール運動は，投（投げる）と捕（捕る）を一体として扱い，陸上運動領域で投動作だけを扱うことはしない。
飛んで向かってくるボールを捕れなければ，ボール運動（ゲーム）を楽しむことができないからである。
新体力テストの数値を上げるために，投に特化した教材を扱うのは，あまり意味がない。

体つくり運動　　1人での投げ上げキャッチ──キャッチボール──かべぶつけ
　　　　　　　　・そのバリエーション

ゲーム　　　　　　　　　　　　　　　　　　　　　　　　はしごドッジボール

相手のいないところをみつける教材

ゴール型
　パスパス・ドン，コーンボール→ディスクゲーム
　→3on1，バスケットボール
ネット型
　ハンドテニス→キャッチバレーボール
ベースボール型
　キックベース→ティーボール

Chapter 2

「基礎感覚・技能」を
楽しく育む教材アイデア

逆さ感覚

平川　譲

教材系統図

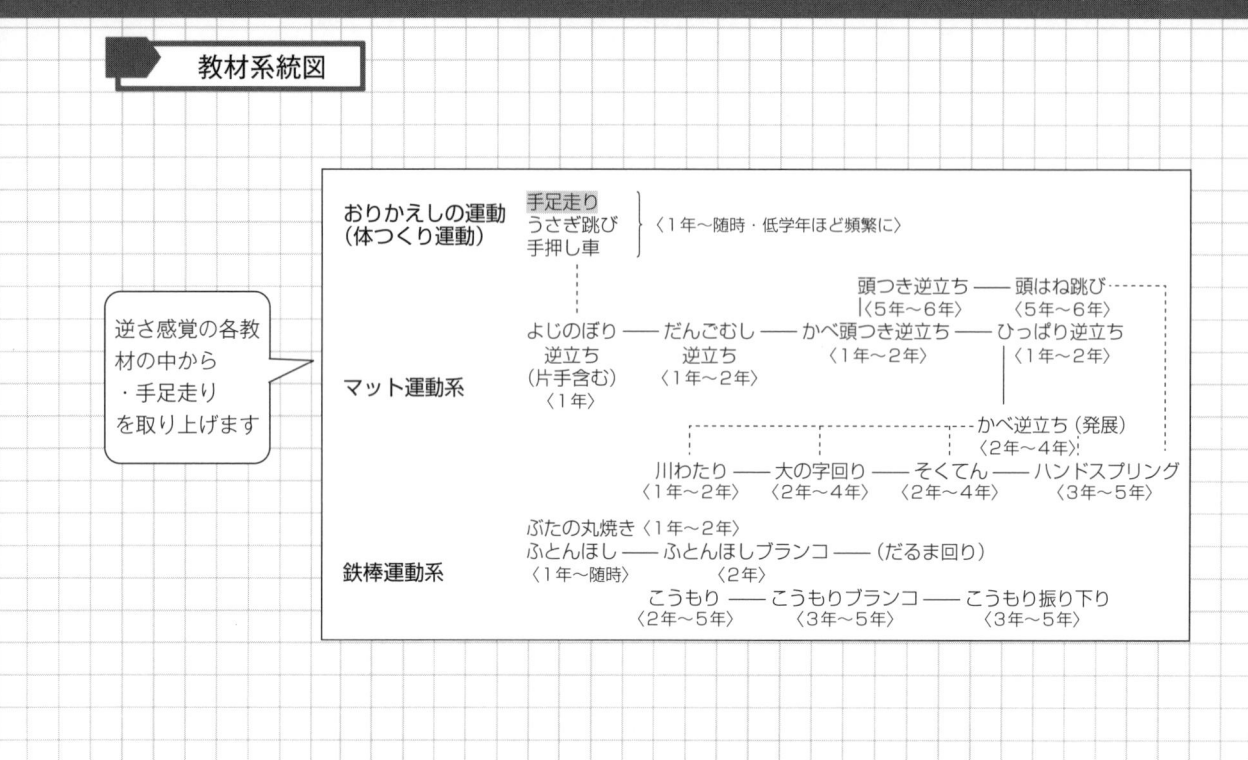

逆さ感覚の各教材の中から
・手足走り
を取り上げます

おりかえしの運動
（体つくり運動）

手足走り
うさぎ跳び　〈1年〜随時・低学年ほど頻繁に〉
手押し車

マット運動系

頭つき逆立ち ── 頭はね跳び
〈5年〜6年〉　　〈5年〜6年〉

よじのぼり ── だんごむし ── かべ頭つき逆立ち ── ひっぱり逆立ち
逆立ち　　　　　逆立ち　　　　　〈1年〜2年〉　　　　〈1年〜2年〉
（片手含む）　　〈1年〜2年〉
〈1年〉

かべ逆立ち（発展）
〈2年〜4年〉

川わたり ── 大の字回り ── そくてん ── ハンドスプリング
〈1年〜2年〉　〈2年〜4年〉　〈2年〜4年〉　〈3年〜5年〉

鉄棒運動系

ぶたの丸焼き〈1年〜2年〉
ふとんほし ── ふとんほしブランコ ── （だるま回り）
〈1年〜随時〉　　　〈2年〉

こうもり ── こうもりブランコ ── こうもり振り下り
〈2年〜5年〉　　〈3年〜5年〉　　　〈3年〜5年〉

01　逆さ感覚について

本書で最初に取り上げる基礎感覚は，逆さ感覚です。最初にこれを取り上げるのには以下の理由があります。

1点目は，不意の転倒や事故を別にすると，日常生活では，意図的な運動でなければ逆さまにはならないということです。

幼児期に逆さまになる経験が少ない子の中には，真っ逆さまではなくても，頭が下がる姿勢になると体が強ばる子がいます。このような子は，自分から逆さまになろうとはしません。かえって，逆さまの運動は避けたいくらいの気持ちでいます。体育授業の中で意図的，継続的に逆さまになる運動を経験させて，逆さ感覚を高めていく必要があります。

2点目は，逆さ感覚が様々な基礎感覚や運動と関係が深いという理由です。

本書で扱う回転運動は，フィギュアスケートのスピンや鉛筆転がりのような，体を縦に通した回転軸を中心に回転する運動ではありません。マット運動の前転や鉄棒運動の前回り下りのように，立った姿勢から逆さまを経過して再度立った姿勢に戻る回転運動です。これらの回転運動は，必ず逆さ姿勢を経過します。逆さ感覚が高まっていないと，やはり体が強ばって，自分の回転がどの程度進んでいるのか，どのタイミングで次の動きをすれば技が成功するのか，などが認識しにくくなってしまいます。

また腕支持感覚を高める運動の多くは，逆さに近い姿勢で行われます。逆さ姿勢で腕に

手足走り

逆さ感覚を高める運動「手足走り」
慣れていない手足走り

上手な手足走り

力を込める感覚を高めるには，やはり逆さ感覚がある程度高まっていることが条件となります。

　水泳の学習では，体が水に浮くと水平に近い姿勢になって，陸上では味わえない不安定な状態になります。ここでも，逆さ感覚や回転感覚を高める運動で経験した姿勢変化が役に立っていると推察できます。

　不意に転んでしまったという場合も，自分の急激な姿勢変化を感じて，腕で支える動作ができるようになるのには，逆さ感覚や回転感覚が役立っていると考えられます。

 逆さ感覚を高める運動

①手足走り（くま歩き）

　赤ちゃんの「はいはい」から，膝を床に着

かないようにすると，手足歩きになります。この段階が上のイラストの「慣れていない手足走り」です。この姿勢の運動でも，日常生活の二足歩行よりは，ずっと頭が低くなって逆さに近くなっています。また，頭や上半身の大部分の重みが肩から腕に乗ってきますので，腕支持感覚も高める運動になります。

　慣れないうちは，腰が上がらない姿勢での運動になりますが，繰り返すことで少しずつ腰が上がって，手足の動きもスムーズに，すばやくなって「上手な手足走り」になっていきます。こうなれば，逆さ感覚や腕支持感覚，手足を協調させて動かす技能が高まってきたということです。腕で上体を支えて運動しますので，腕支持感覚も高まります。

　こう考えると，はいはいも逆さ感覚や腕支

逆さ感覚

回転感覚

腕支持感覚

体の締めの感覚

手足の協調

潜る・浮く・水中での息つぎ

振動感覚

ボールの投補

相手のいないところをみつける

横向き手足走り

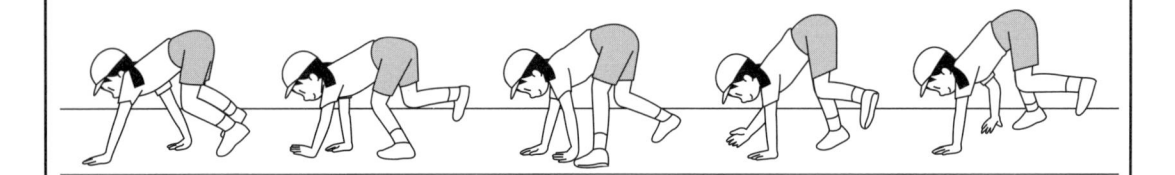

後ろ向き手足走り

持感覚，手足の協調を高めるのに役立っているといえそうです。運動や子どもの発育・発達を専門とする方々から，「早くからつかまり立ちをさせたり，歩行器を使って歩かせたりするよりも，はいはいをたくさんさせた方がいい」という意見は多く聞かれます。乳児期のはいはいの経験が少ない子が，「慣れていない手足走り」の期間が長くなるのかもしれません。

　上手な手足走りになってきたら，バリエーションをつけて楽しむこともできます。

②いろいろな手足走り

・横向き手足走り

　手足で横方向に移動します。腕にしっかり体重をかけて，「足だけで移動していて手は床を触っているだけ」という運動にならない

ようにします。1回の授業で右への移動と左への移動を両方扱って，左右差を小さくしておくとよいでしょう。

・後ろ向き手足走り

　手足走りは，後ろ向きでも楽しめます。後ろ向きでも腕に体重を乗せて，床をしっかり押して後ろに進むことがポイントになります。

　目で進行方向を確認できない後ろ向きの運動になりますので，壁や障害物から遠い位置で行うことが大事です。

　横向き・後ろ向きの手足走りは，逆さ感覚や腕支持感覚に関して，その効果は，前への手足走りと大きく変わらないでしょう。それでも移動方向を変えることで手足の協調の感覚は，より高めることができると考えられま

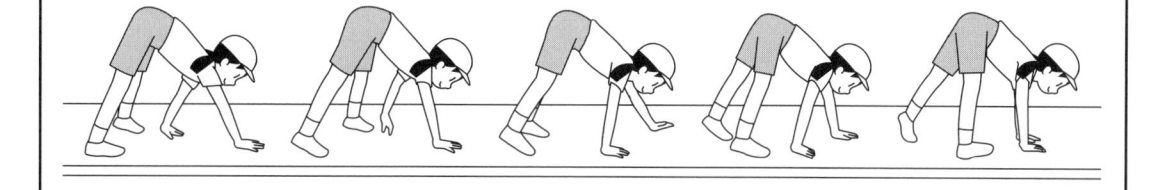

きりん歩き

す。より器用になって，巧みな動きができるようになっていくということです。

・きりん歩き

腰をより高くして逆さに近い運動にするバリエーションとして，「きりん歩き」があります。膝を伸ばして腰を高くして手足で歩く運動です。意識して膝を伸ばすと，かなり逆さまに近い感じがします。慣れていない手足走りと比べると「つんのめった感じ」が相当強くなるはずです。

逆さに近い分，手足を動かすのは難しくなりますし，手足の動きが合わずに本当につんのめってしまった場合には顔を床にぶつける可能性もありますので，膝を伸ばせていればよしとして，無理のない速度で歩かせるのがいいでしょう。

膝と肘をピンと伸ばして歩ける子は，逆さ感覚や腕支持感覚に加えて，体の締めの感覚も高いと考えられます。きりん歩きがスムーズにできれば，次項の「手押し車」や「よじのぼり逆立ち」にも無理なく取り組めることでしょう。

以上のようなアレンジの可能な手足走りを，子ども達に十分に経験させて，逆さ感覚や腕支持感覚，手足の協調，体の締めの感覚などの基礎感覚を高めておきたいものです。これにより，この後に学習する教材にスムーズに取り組める体に育っていくはずです。

逆さ感覚

回転感覚

腕支持感覚

体の締めの感覚

手足の協調

潜る・浮く，水中での息つき

振動感覚

ボールの投捕

相手のいないところをみつける

逆さ感覚

山崎　和人

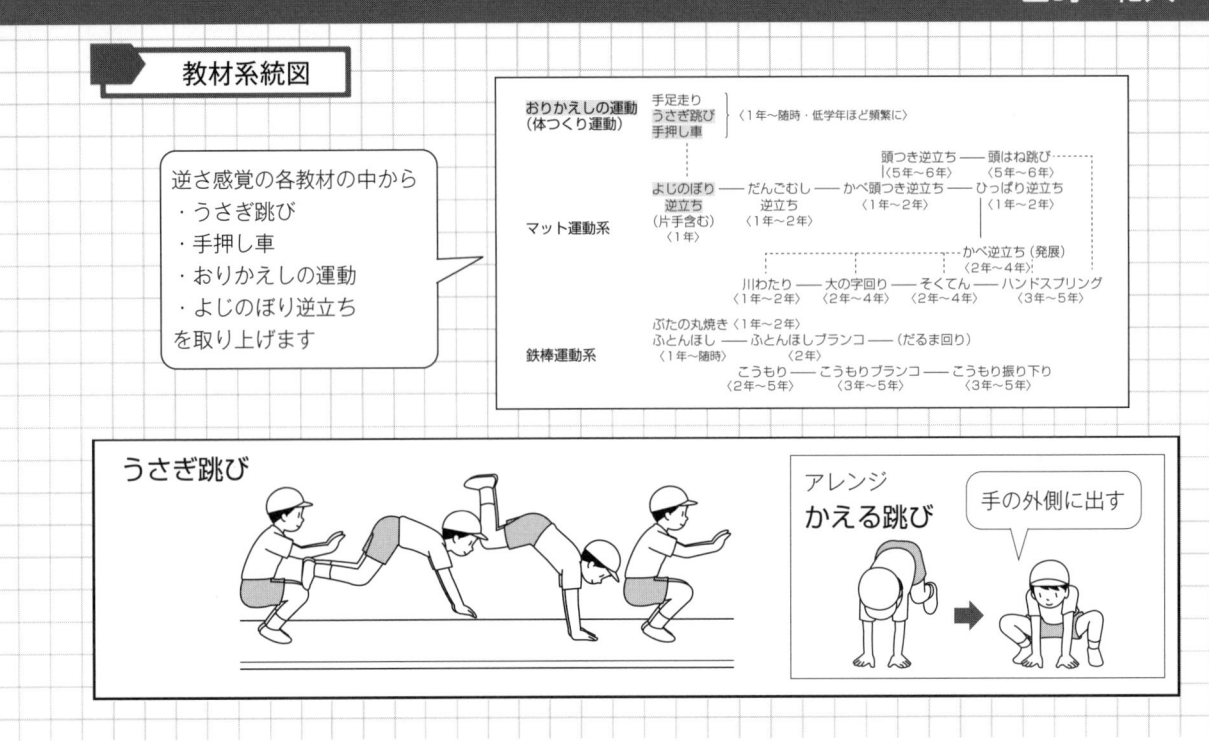

教材系統図

逆さ感覚の各教材の中から
・うさぎ跳び
・手押し車
・おりかえしの運動
・よじのぼり逆立ち
を取り上げます

うさぎ跳び

アレンジ
かえる跳び

手の外側に出す

01　うさぎ跳び

　前項の「手足走り（くま歩き）」に続く「うさぎ跳び」です。これは，逆さ感覚の他に腕支持感覚も身につけることができる運動になります。

　手を前方に出して両足で踏み切ります。体を投げ出し，手で体を支えた後に手を後ろへかきます。かききった後，足を手の位置まで引きつけます。この手で体を支える動きのときに逆さ感覚を身につけることができます。

　つまずきやすいところとして，着手よりも先に足で着地してしまうことや，しっかりと手で床を押すことができないことが考えられます。ですので，手・足・手・足と声をかけたり，床をしっかりと押してかききることを伝えたりするとよいでしょう。

　また，初期の段階では十分に腰が上がらず動きが小さいことがありますが，リズムを身につけることに専念します。正しいリズムでうさぎ跳びを繰り返し行うことで動きに慣れ，理想とする動きに近づいていきます。理想は，腰ができるだけ高く，1回の動作で長い距離を進むうさぎ跳びです。後述するおりかえしの運動で，「できるだけ少ない回数で反対側までいけるかな」「今よりも1回減らした数でいけるかな」と課題を与えることで，できるだけ1回の動作で長い距離を進もうと意識づけすることができます。

　さらに，両手を床につけて，体を支えるときに足を開き，そのまま足を開いた状態で着地をすることで開脚跳びの動きにつなげることもできます（かえる跳び）。

うさぎ跳び，手押し車，おりかえしの運動，よじのぼり逆立ち

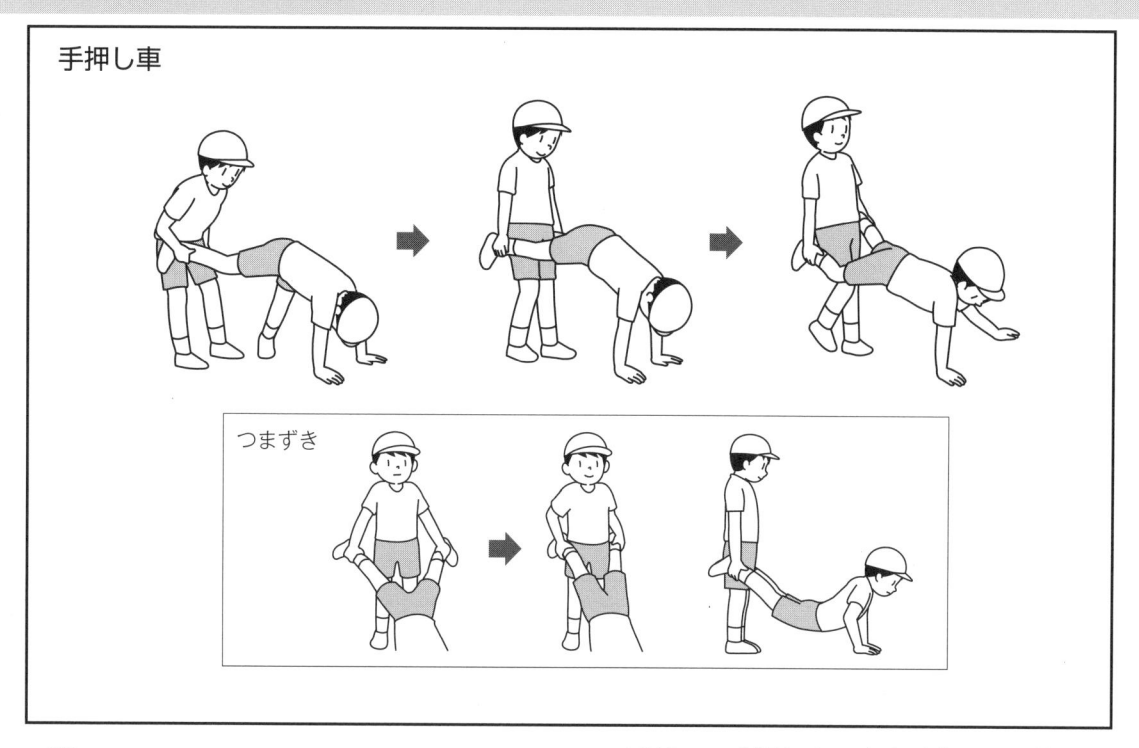

手押し車

つまずき

逆さ感覚

回転感覚

腕支持感覚

体の締めの感覚

手足の協調

潜る・浮く，水中での息つぎ

振動感覚

ボールの投捕

相手のいないところをみつける

02　手押し車

　手押し車は，足を仲間に支えてもらい，肘をしっかりと伸ばし，足を持ち上げ，腰・膝を伸ばして体を一直線にします。その後，左右の手をゆっくり交互に動かし前に進みます。足を持つ子は次の2点に気をつけます。

○足を広げて持たない

　手を腰から離してしまうと大きく揺れて，足を離してしまうことがあります。そのため，足を腰につけるようにして持ちます。

○相手のスピードに合わせる

　足を持つ子が，急いで押してしまうことで手のタイミングと合わずに潰れ，顔を床に打ちつけてしまうことがあります。そのため，相手のスピードに合わせてゆっくりと進むことが大切です。

　万が一，手押し車で歩く子を1人で持つことができない場合は，片足ずつ2人で協力して持ち上げます。

　また，上手に進むために手押し車で歩く子は次の2点に気をつけます。

○肘に力を入れる

　肘を曲げてしまうと潰れやすくなるので，床を手で押し，肘をしっかりと伸ばします。

○お腹と背中に力を入れる

　お腹が下がり，体が反ってしまうと腕支持の感覚がつかめません。ですから，お腹と背中に力を入れて体を一直線にします。

　はじめのうちは，数歩歩くことを目標として，少しずつ歩数を増やしていきます。また，前に進むことに慣れてきたら，横に進んだり，後ろに進んだりして動きを発展させることもできます。

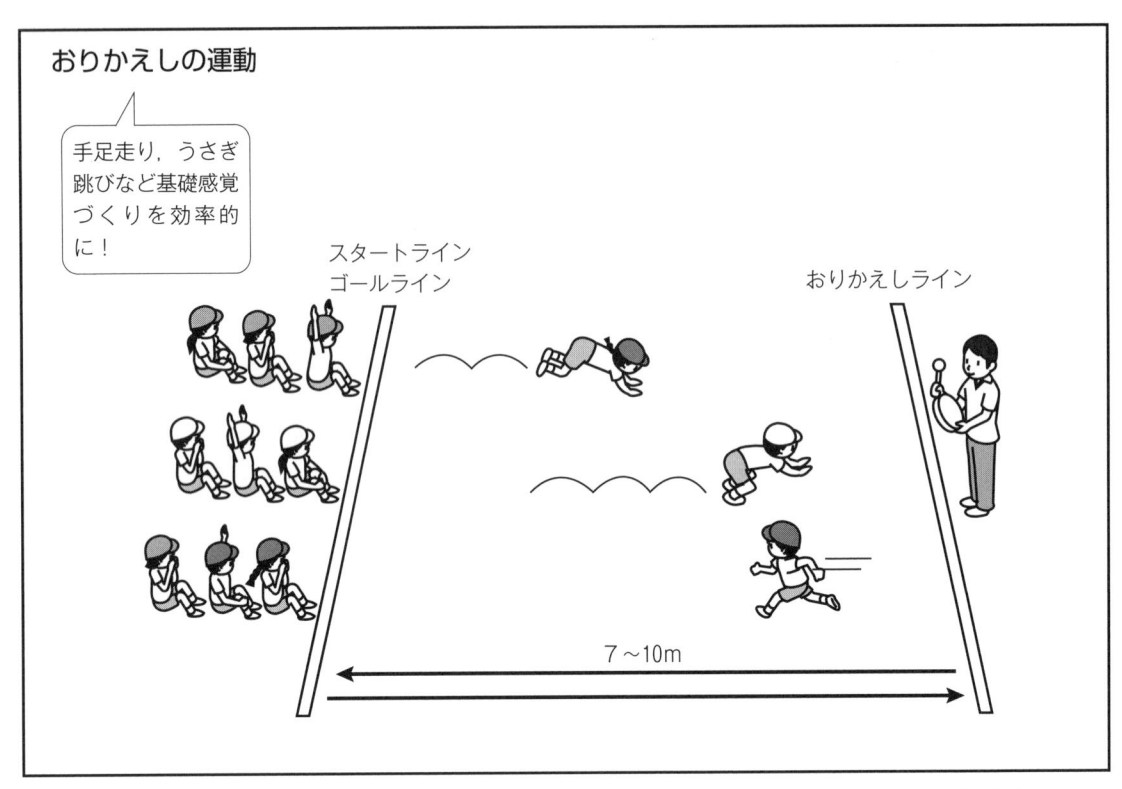

おりかえしの運動

手足走り，うさぎ跳びなど基礎感覚づくりを効率的に！

スタートライン
ゴールライン

おりかえしライン

7〜10m

03　おりかえしの運動

　ここまで紹介した運動を効率的に行える「おりかえしの運動」という教材を紹介します。これは，7〜10mの距離を往復する教材です。汎用性が高く，一度やり方を覚えれば，様々な教材で応用することができます。15ページの手足走りや，18ページのうさぎ跳びなどの動物歩きやスキップ，ケンケン（80，83ページ）といった立った状態で行う運動と組み合わせて行います。決められた場所までは，指定された運動で行き，走って戻ってきます。

　はじめのうちは，列ごとに運動をさせることで，正しい動きで移動できているかを把握しやすくなります。仮に，動きにつまずきが見られる場合は，矯正してやり直しさせるとよいでしょう。正しい動きで運動することができるようにします。また，運動に慣れてき

たらリレー形式にすることもできます。

　おりかえしの運動は，基礎感覚を養うことに加えて，学習規律を身につけることもできる教材です。全員が終了した後，ルールを守ることができている班，応援をすることができている班，よい姿勢で待つことができている班等を称賛することで教師の価値観を伝えることができます。そのため，体育の授業開きに最適な教材といえます。

　教師は子どもたちの様子を観察しながら，太鼓でリズムを打ちます。太鼓を使うことで，運動中の子に直接指導したり，運動のリズムを子どもにつかませたりすることができます。

　また，走，ケンケン，スキップといった立った状態で行う運動の後に，着手を必要とする運動を行うという流れにすることで，運動の強度を少しずつ高めていくことができます。

よじのぼり逆立ち

「手を着いて」　　　「よじよじよじよじよじのぼり」

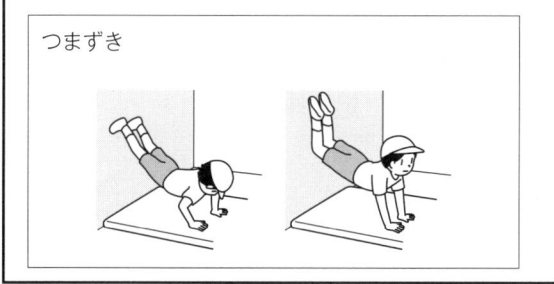

つまずき

発展

04　よじのぼり逆立ち

よじのぼり逆立ちは，壁に背中を向けて立ち，床に手を着いて壁によじのぼり，手で支える運動です。かべ逆立ちにつながる運動として，体の軽い低学年で取り組んでおきたい教材です。

運動のポイントは以下の4点が挙げられます。

①手を開き，手のひらを床につける

②足の指のつけ根で登る

③肘に力を入れ，しっかり伸ばす

④背中やお腹に力を入れて体を直線にする

肘が曲がってしまったり，体が反ったりすると十分に感覚を身につけることができません。こうしたつまずきを解消するため，教師の後に続けて運動の手順を復唱することや仲間同士で運動を見合うように指示します。ま

た，つま先を壁につけて体が反ってしまう子に対しては，教師が直接補助をして動きを矯正するとよいでしょう。

はじめは，5秒，10秒から支える時間を延ばしていきます。また，安全面を考慮してマットを敷いて行うことを推奨します。

運動に慣れてきたら，その場で右手・左手・右手……と交互に手踏みをしたり，片手で支えたりする運動に発展させることもできます。

片手で行うよじのぼり逆立ちは，一度両手のよじのぼり逆立ちをした後に，少し足を開き，片手を少しだけ床から離します。これも，3秒，5秒と少しずつ支える時間を延ばしていきます。片手でできるようになると，班対抗や男女対抗のジャンケンゲームをすることができます。ジャンケンゲームをすることで，楽しみながら感覚を養うことができます。

逆さ感覚

回転感覚

腕支持感覚

体の締めの感覚

手足の協調

潜る・浮く，水中での息つぎ

振動感覚

ボールの補助

相手のいないところをみつける

逆さ感覚

眞榮里　耕太

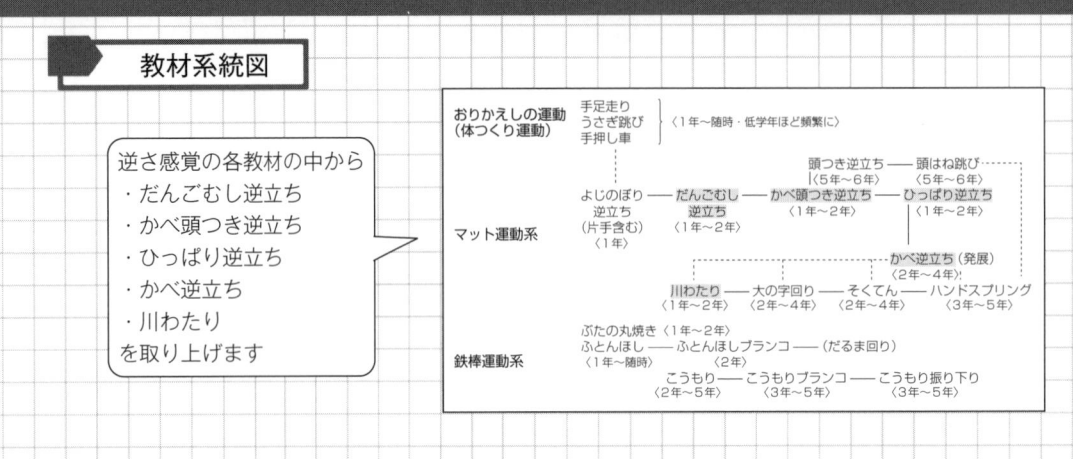

教材系統図

逆さ感覚の各教材の中から
・だんごむし逆立ち
・かべ頭つき逆立ち
・ひっぱり逆立ち
・かべ逆立ち
・川わたり
を取り上げます

だんごむし逆立ち（膝を曲げた状態）→かべ頭つき逆立ち（足を伸ばす）

手と頭で三角
後頭部の確認

両足を上げてだんごむし

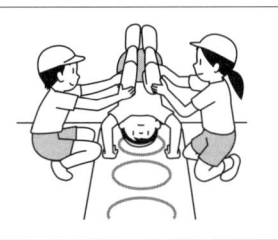

足を押さえて
姿勢を安定させる

01 だんごむし逆立ち（膝を曲げた状態）→かべ頭つき逆立ち（足を伸ばす）

かべ頭つき逆立ちは，壁を使った三点倒立です。まずはじめに，しゃがんだ姿勢から髪の生え際付近をマットにつけます。そして，頭と手の位置で三角形をつくります。後頭部が壁に着いているかグループの仲間が確認します。頭と手の位置が決まったら，つま先で少しずつ壁の方に歩き，腰の位置を高くしていきます。腰が上がりきったら，足をマットから離し三点倒立の姿勢になります。膝を曲げたまま胸につけるだんごむし逆立ちの姿勢になってバランスをとります。首，腕，体幹に力を入れ足の裏を天井に向けると力が入りやすくなり，姿勢を安定させやすくなります。

勢いよく踏み切ってしまうと逆さの姿勢で止まることが難しくなります。

取り組みはじめは，仲間に足を支えてもらうお手伝いでかべ頭つき逆立ちを成功させましょう。お手伝いは，頭と手をマットに着いた姿勢からゆっくりと両足を持ち上げ，三点倒立の姿勢にします。姿勢が安定するまで足を支えておきましょう。お手伝いが離れても5～10秒逆立ちの姿勢を保持できれば，はじめから1人で挑戦してみましょう。

安定して逆さまになることができたら，足を伸ばした逆立ちの姿勢に発展させます。

一度成功させたら終了ではなく，逆さになる時間を少しずつ（5秒ずつ）増やしていき，逆さの姿勢に慣れるようにしましょう。

だんごむし逆立ち，かべ頭つき逆立ち，ひっぱり逆立ち，かべ逆立ち，川わたり

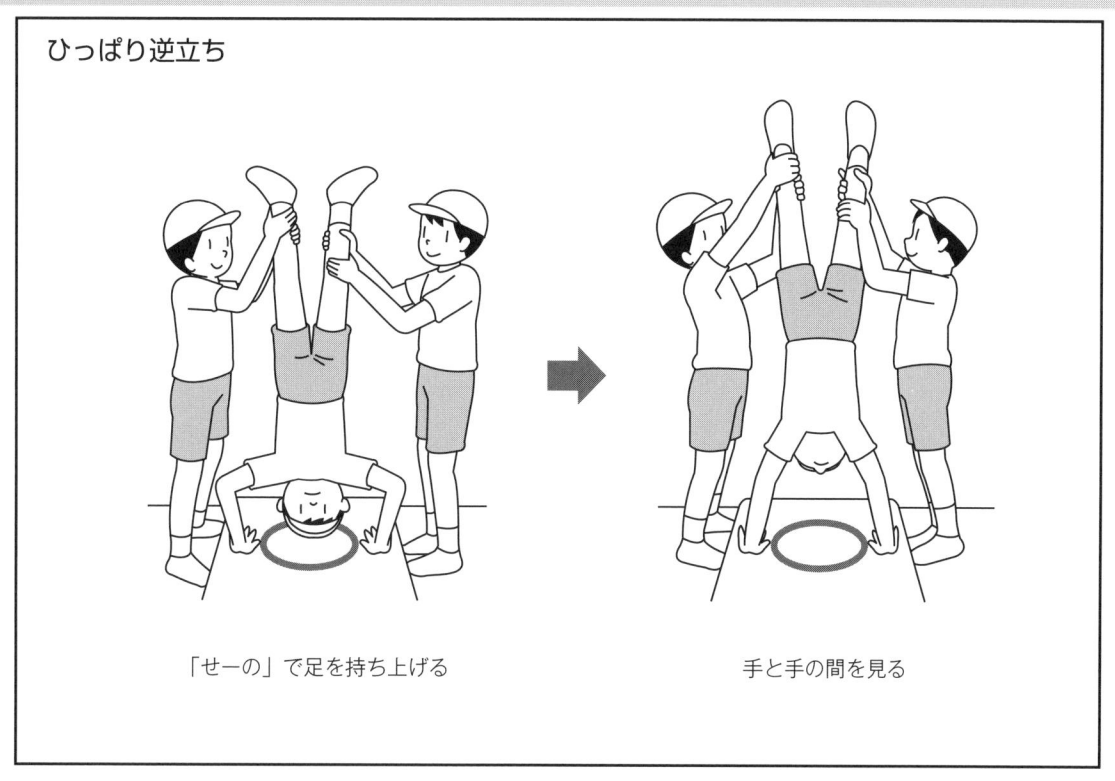

ひっぱり逆立ち

「せーの」で足を持ち上げる　　　　　手と手の間を見る

右端縦見出し：逆さ感覚　回転感覚　腕支持感覚　体の締めの感覚　手足の協調　潜る・浮く，水中での息つぎ　振動感覚　ボールの補投　相手のいないところをみつける

02　ひっぱり逆立ち

　ひっぱり逆立ちは，かべ頭つき逆立ちの姿勢から，お手伝いの子が両足を引っ張り上げ，頭をマットから離し，腕で体を支えるかべ逆立ちです。

　はじめは，2人のお手伝いが片足ずつ持ち上げます。お手伝いの子が足を持ち上げるタイミングに合わせて，逆立ちする子は，腕や体幹に力を入れて，逆立ちの姿勢になります。この動きのタイミングを揃えるために「せーの」と声をかけるとよいでしょう。

　肘を伸ばして頭がマットから離れたときに，顎を上げて手と手の間を見るようにすると姿勢を安定させやすくなります。この姿勢を身につけるために運動帽子や目玉マーク等を置

くと，自然と顎を上げるようになります。

　注意点としては，かべ頭つき逆立ちの着手位置は，壁から離れた距離にあるので，そのまま逆立ちの姿勢になると体が大きく反ってしまいます。そのため，腕を伸ばす直前に手の位置を壁に近づけて（頭の横くらい）おきましょう。

　逆立ちの姿勢になったら仲間の支えを離してもらい自分自身で姿勢を保持します。

　発展としては，仲間のお手伝いを1人にしたり，お手伝いなしで自分自身の力だけで逆立ちの姿勢になってみましょう。体の軽い低学年の子であれば可能です。

　1人で挑戦する場合は横への転倒を防ぐために仲間が支える準備をしておきましょう。

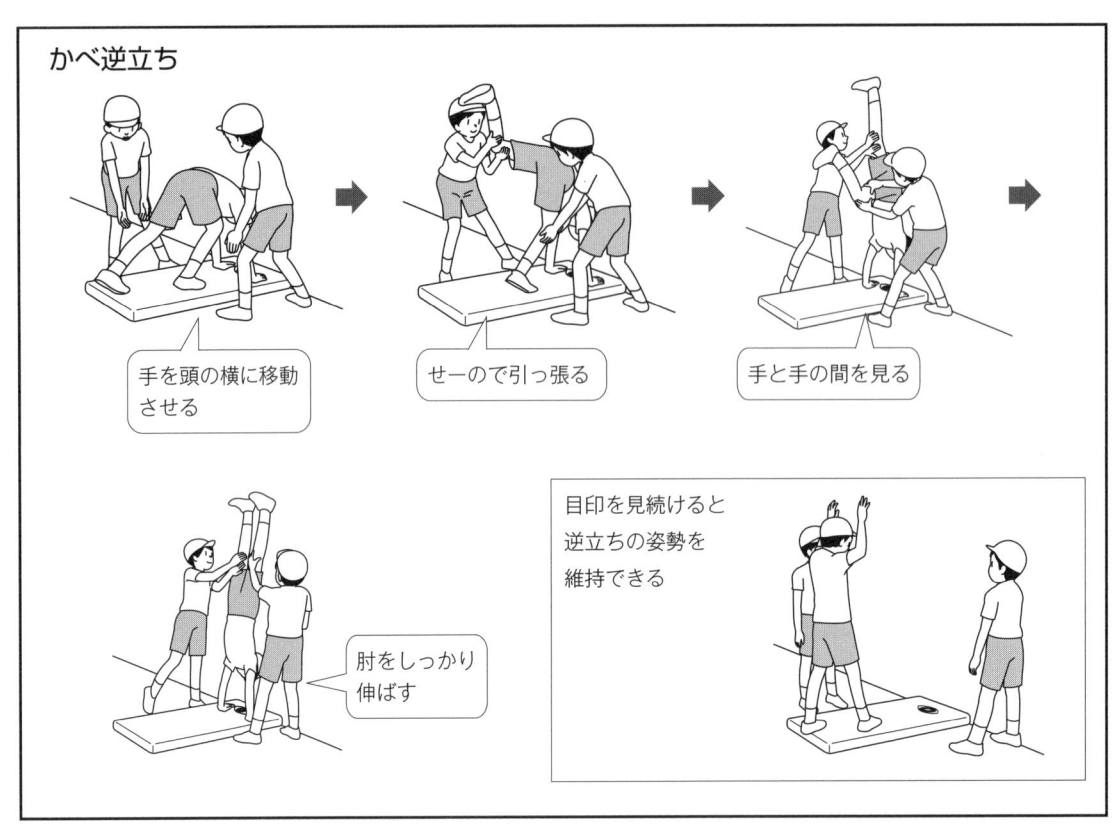

かべ逆立ち

- 手を頭の横に移動させる
- せーので引っ張る
- 手と手の間を見る
- 肘をしっかり伸ばす
- 目印を見続けると逆立ちの姿勢を維持できる

03 かべ逆立ち

ここまでの取り組みで逆さ感覚を身につけることができてきたら，かべ逆立ちに挑戦します。かべ逆立ちはマットに両手だけを着き，足を勢いよく振り上げ，逆さの姿勢になります。

かべ逆立ちでも他の運動と同じように，はじめは仲間からお手伝いをしてもらって，動きを成功させましょう。

お手伝いは，振り上げる足を持ち上げて壁につけるようにします。始める前に左右どちらの足を先に振り上げるか確認します。構えたときに後ろになる方が先に振り上げる足です。振り上げる足の側に立っていると，スムーズに足を支えることができます。

慣れるまでは，手をマットに着いた姿勢から始めます。立った姿勢から始めると姿勢の変化に耐えられず，顎を引いて背中が丸まった姿勢になってしまい，成功させることができません。安定した姿勢を覚えるためにも，顎を上げて手と手の間を見る動作を身につけることが必要です。

マットに手を着いた姿勢から逆立ちができるようになったら，立位からのかべ逆立ちに挑戦しましょう。着手位置が壁から離れてしまうと体が反った状態になり姿勢を維持するのが難しくなるため，着手位置に気をつけさせます。運動帽子や目玉マークを置き，その両側に着手する目印をつけることで逆立ちの姿勢を維持させることができます。

足の振り上げ方を身につけるためにかかとを壁にぶつけることをイメージし，一定の時間内に連続でかべ逆立ちをします。

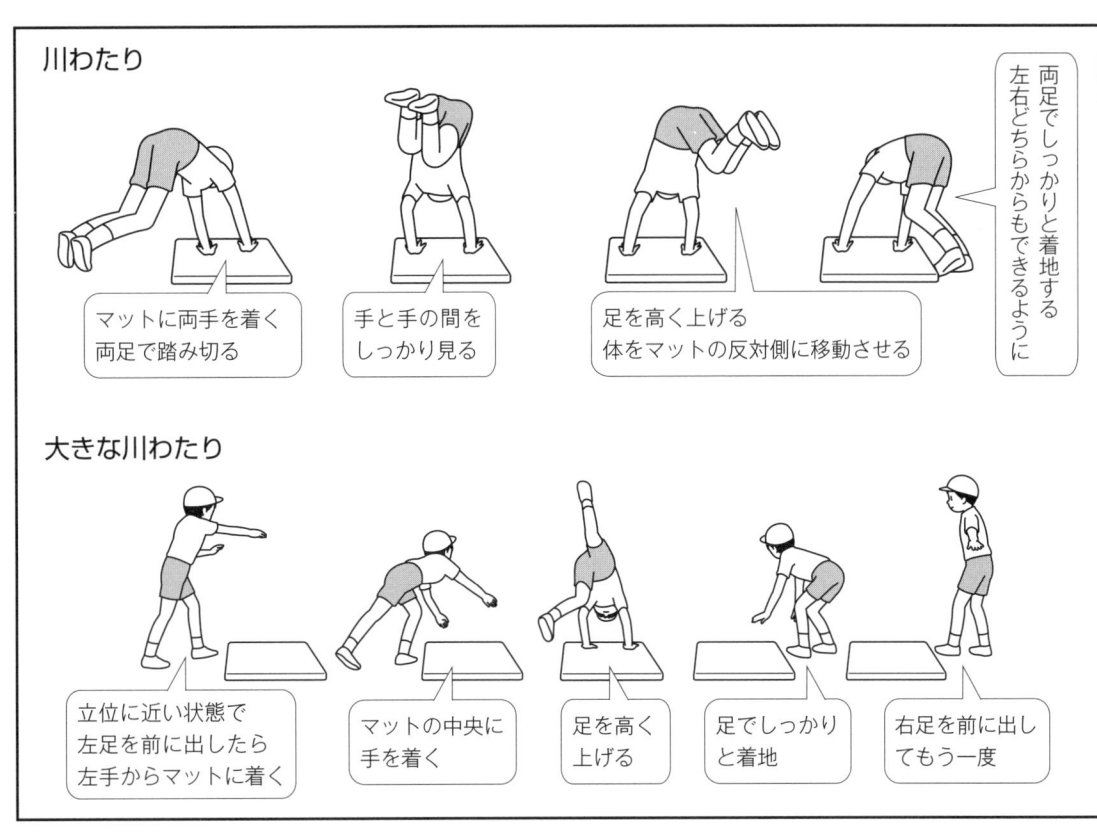

川わたり

- マットに両手を着く
  両足で踏み切る
- 手と手の間を
  しっかり見る
- 足を高く上げる
  体をマットの反対側に移動させる
- 両足でしっかりと着地する
  左右どちらからもできるように

大きな川わたり

- 立位に近い状態で
  左足を前に出したら
  左手からマットに着く
- マットの中央に
  手を着く
- 足を高く
  上げる
- 足でしっかり
  と着地
- 右足を前に出し
  てもう一度

04 川わたり

　川わたりは，逆さ感覚や腕支持感覚を生かしながら側方倒立回転につなげる運動です。

　横幅90cm程度のマットを使用します。

　マットの中央に両手を着き体を支えます。両足で踏み切ってマットの反対側に体を移動させます。腕で体を支持すること，腰を高く上げて逆さの姿勢に近づけることが必要になります。

　はじめは，腰の位置が低くてもよいことにします。慣れてきたらだんだんと腰の位置を高くしていきましょう。頭の位置よりも高くするといったように目安を示すと互いの動きをチェックしやすくなります。

　左右の動きを繰り返すことによって，腕に体重を乗せながら体を移動させる動き方を身につけていきましょう。慣れてきたら片足ずつの踏み切りでやってみましょう。

　次に，マットから手を離して，立ち上がった姿勢から始めます。今度はマットに手を着いた後に片足ずつ足を上げることになります。マットにはじめに着く手と，前に一歩出す足が同じ側でないとうまく体を移動させることができません。

　手を着く位置を示すために運動帽子や目玉マークを置くとよいでしょう。その目印を見続けることできれいな姿勢で行うことができるようになります。

　だんだんと立位に近づけていくと「大の字回り」「側方倒立回転」につなげていくことができます。

逆さ感覚

回転感覚

腕支持感覚

体の締めの感覚

手足の協調

潜る・浮く，水中での息つぎ

振動感覚

ボールの投捕

相手のいないところをみつける

逆さ感覚

齋藤　直人

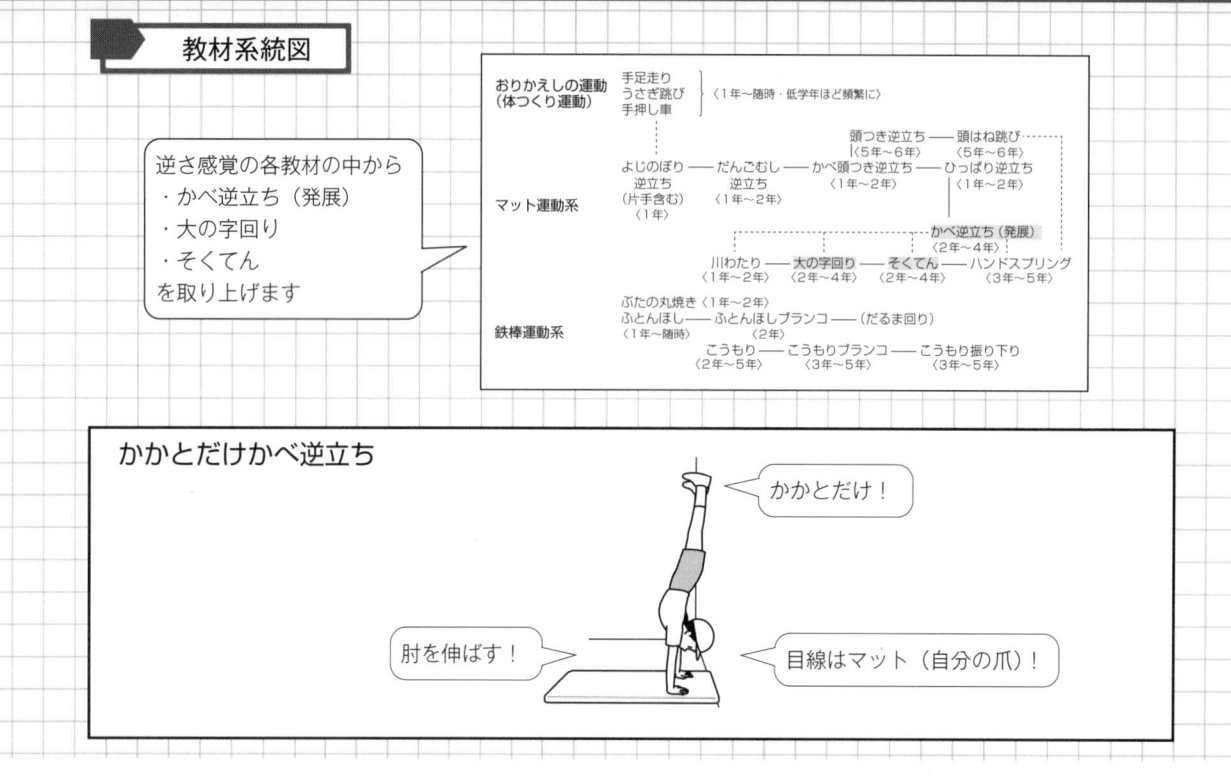

教材系統図

逆さ感覚の各教材の中から
・かべ逆立ち（発展）
・大の字回り
・そくてん
を取り上げます

おりかえしの運動（体つくり運動）
手足走り　うさぎ跳び　手押し車
〈1年〜随時・低学年ほど頻繁に〉

マット運動系
よじのぼり ── だんごむし ── かべ頭つき逆立ち ── ひっぱり逆立ち
逆立ち（片手含む）〈1年〉　逆立ち〈1年〜2年〉　〈1年〜2年〉　〈1年〜2年〉
頭つき逆立ち〈5年〜6年〉　頭はね跳び〈5年〜6年〉
かべ逆立ち（発展）〈2年〜4年〉
川わたり ── 大の字回り ── そくてん ── ハンドスプリング
〈1年〜2年〉　〈2年〜4年〉　〈2年〜4年〉　〈3年〜5年〉

鉄棒運動系
ぶたの丸焼き〈1年〜2年〉
ふとんほし ── ふとんほしブランコ ── （だるま回り）
〈1年〜随時〉　〈2年〉
こうもり ── こうもりブランコ ── こうもり振り下り
〈2年〜5年〉　〈3年〜5年〉　〈3年〜5年〉

かかとだけかべ逆立ち

かかとだけ！

肘を伸ばす！

目線はマット（自分の爪）！

01 かべ逆立ち（発展）

前項では，「かべ逆立ち」を取り上げました。手を着いた姿勢からのかべ逆立ち・お手伝いありのかべ逆立ち→立位からのかべ逆立ちの順で，逆さ感覚を高めながらかべ逆立ちへ挑戦する方法を紹介しました。本項では，かべ逆立ちを発展させながら，さらに逆さ感覚を高めていく教材を紹介していきます。

①100秒チャレンジ

かべ逆立ちの姿勢をより長く維持することに挑戦する教材です。100秒は目安で，実態や個に応じて適切な時間の長さを設定するとよいでしょう。少しずつ長く維持できることを実感させながら取り組ませることが大切です。長く安定して維持できるということは，それだけ逆さ感覚が高まっているといえます。

②かかとだけかべ逆立ち

次に，壁に接している面をかかとだけにしてかべ逆立ちができるかに挑戦します。かべ逆立ちの初期段階では，体の多くの面（背中，お尻，足，かかと）を壁に寄りかからせるようにしながら逆立ちの姿勢を維持する場合が見られます。壁に接している面を少なくすることで，逆さ感覚はもちろん，体に力を入れる感覚も高めることができます。

ここで気をつけたいのが，かかとだけを意識しすぎて，背中が反ってしまうことです。背中を反るのではなく，全身を天井の方へ伸ばすようなイメージで取り組ませることが大切です。

かべ逆立ち（発展），大の字回り，そくてん

頭だけかべ逆立ち

ゆっくりと，
かかとを離す！

片手かべ逆立ち

足を開いてバランスをとる！
重心をずらす！

いつでも手が
つけるように
上げすぎない！

③頭だけかべ逆立ち

　かかとだけかべ逆立ちと同様に，壁に接している面を少なくすることで，逆さ感覚を高めることをねらった教材です。見た目以上に難しい教材です。

　まず壁に向かって立ち，かべ逆立ちの姿勢になります。そこから，目線を壁とマットの間（自分の爪の先）に向けます。そうすることで，顎が上がり，頭と壁が接するようになります。そこから，頭以外のお尻やかかとを壁から離し，バランスをとります。

　勢いよく離すと，そのまま倒れてしまうので，逆さの姿勢を意識しながら，ゆっくりと離していきましょう。頭だけが壁に着いた状態で5〜10秒ぐらい姿勢を維持することを目指してみましょう。

④片手かべ逆立ち

　かべ逆立ちの姿勢から，片手を離し，片手でかべ逆立ちの姿勢になる教材です。力よりもバランスが重要になります。

　まず壁に向かって立ち，かべ逆立ちの姿勢になります。そこから，足を開いた状態でのかべ逆立ちの姿勢になります。重心を意識して，ゆっくりと片手を離します。けがを防止するために，離した手はいつでもマットにつけるような高さにしておきましょう。

　手と足首が二等辺三角形のような位置関係にあると安定した姿勢を保ちやすくなります。

　片手を離す感覚は，両足で立って，そこから片足立ちになる過程を想起させることで重心をずらすことに気づくことができます。

逆さ感覚

回転感覚

腕支持感覚

体の締めの感覚

手足の協調

潜る・浮く，水中での息つぎ

振動感覚

ボールの投補

相手のいないところをみつける

大の字回り

そくてん（側方倒立回転）

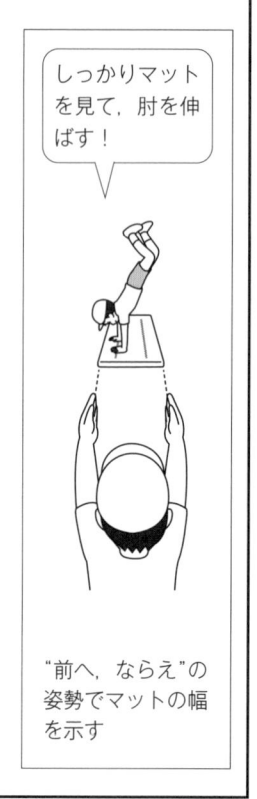

しっかりマットを見て，肘を伸ばす！

"前へ，ならえ"の姿勢でマットの幅を示す

25ページでは，「川わたり」を取り上げました。本項では，逆さ感覚を高めながら，「川わたり」から「大の字回り」「側方倒立回転」へと発展させていきます。

02 そくてん（大の字回り，側方倒立回転）

「そくてん」は，マットに対して横向きになり，逆立ち姿勢を経過して横回転する運動です。逆さ姿勢を経過するので，逆さ感覚を生かした運動であり，逆さ感覚を高める運動ともいえます。

ここでは便宜上，運動を始めるときに体が進行方向に対して横を向いているものを「大の字回り」，運動を始めるときに体が進行方向と正対しているものを「側方倒立回転」といっています。

まずは，どちらの手を先に着くとやりやすいのかをみつけさせます。何度か試す中で自分の感覚に合うものをみつけさせます。

それがわかってきたら，お尻を着かずに着地することを目指します。徐々に腰の位置を高くしたり，膝を伸ばしたりして，立位に近づけて動きを大きくしていきます。

逆さ姿勢が途中にあるので，逆さ感覚を高めるかべ逆立ちの発展的な教材と捉えています。ですので，「肘をしっかり伸ばす」「目線はマット（手と手の間）を見る」の2つがポイントになります。

また，まっすぐに回転することを意識させるために，マットの幅を"前へ，ならえ"のような姿勢で示してかかわらせます。

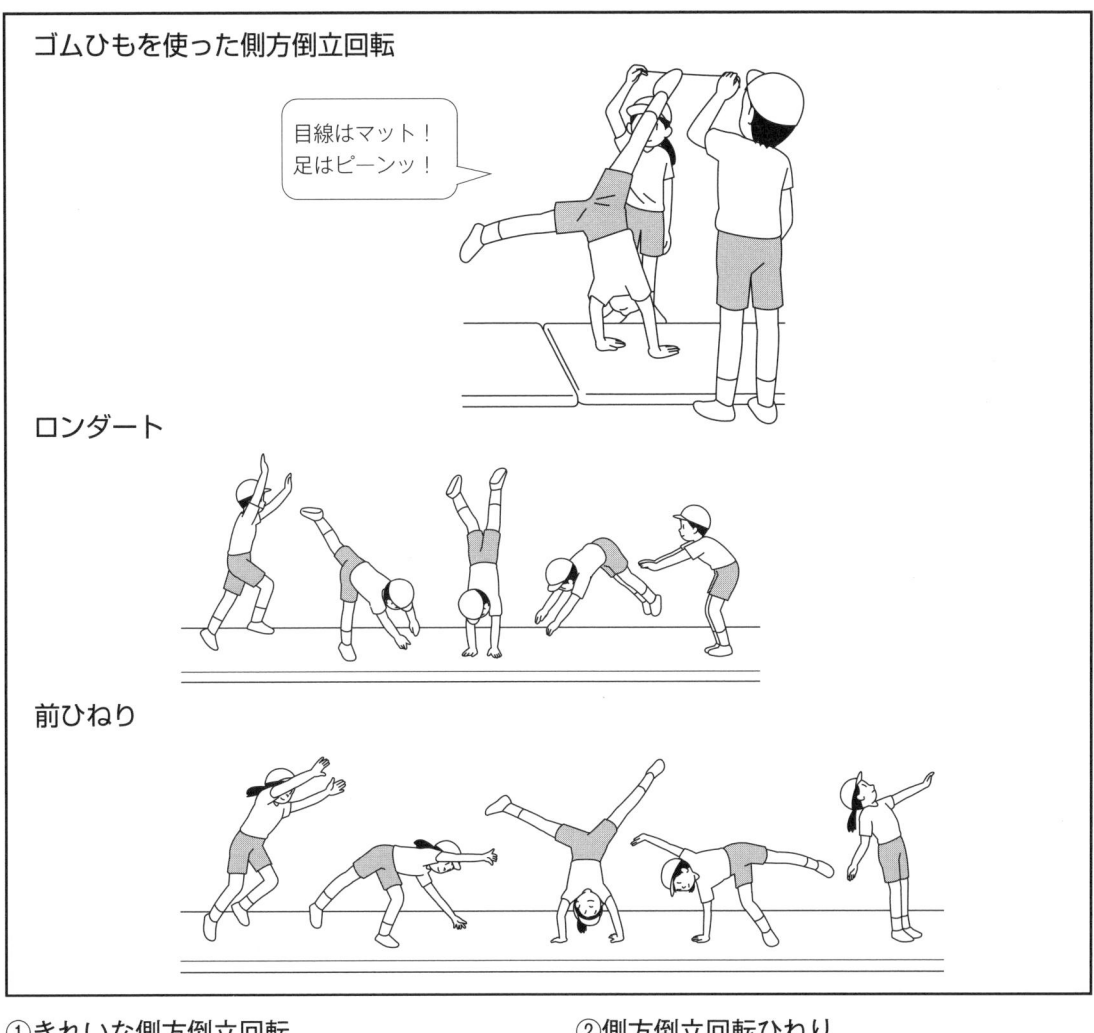

ゴムひもを使った側方倒立回転

目線はマット！
足はピーンッ！

ロンダート

前ひねり

逆さ感覚

回転感覚

腕支持感覚

体の締めの感覚

手足の協調

潜る・浮く、水中での息つぎ

振動感覚

ボールの投補

相手のいないところをみつける

①きれいな側方倒立回転

　ゴムひもを使って，きれいな大きな側方倒立回転に挑戦します。

　進行方向に対して垂直にゴムひもを張り，側方倒立回転をする子がゴムひもに足をかけられるように，体を伸ばすことを意識させます。

　胸の高さ，頭の高さ，バンザイしたときの手の高さなど少しずつ高さを上げていったり，側方倒立回転をする子が自分で高さを決めたりしながら，意欲が継続するように声をかけましょう。

②側方倒立回転ひねり
（ロンダート，前ひねり）

　側方倒立回転の発展として，1/4ひねってスタート方向を向くロンダートと，側方倒立回転をして着地の際に進行方向を向く前ひねりがあります。

　どちらも，逆さ姿勢になったときに，自分がどのような状態になっているかを認識できるぐらい感覚が高まっているときに取り組むとよいでしょう。

　その上で，足が自分の頭の上を通過する際に両足を揃えて着地姿勢に入ると，グッと完成度が高まります。

逆さ感覚

平川　讓

教材系統図

おりかえしの運動 （体つくり運動）	手足走り うさぎ跳び 手押し車	〈1年〜随時・低学年ほど頻繁に〉

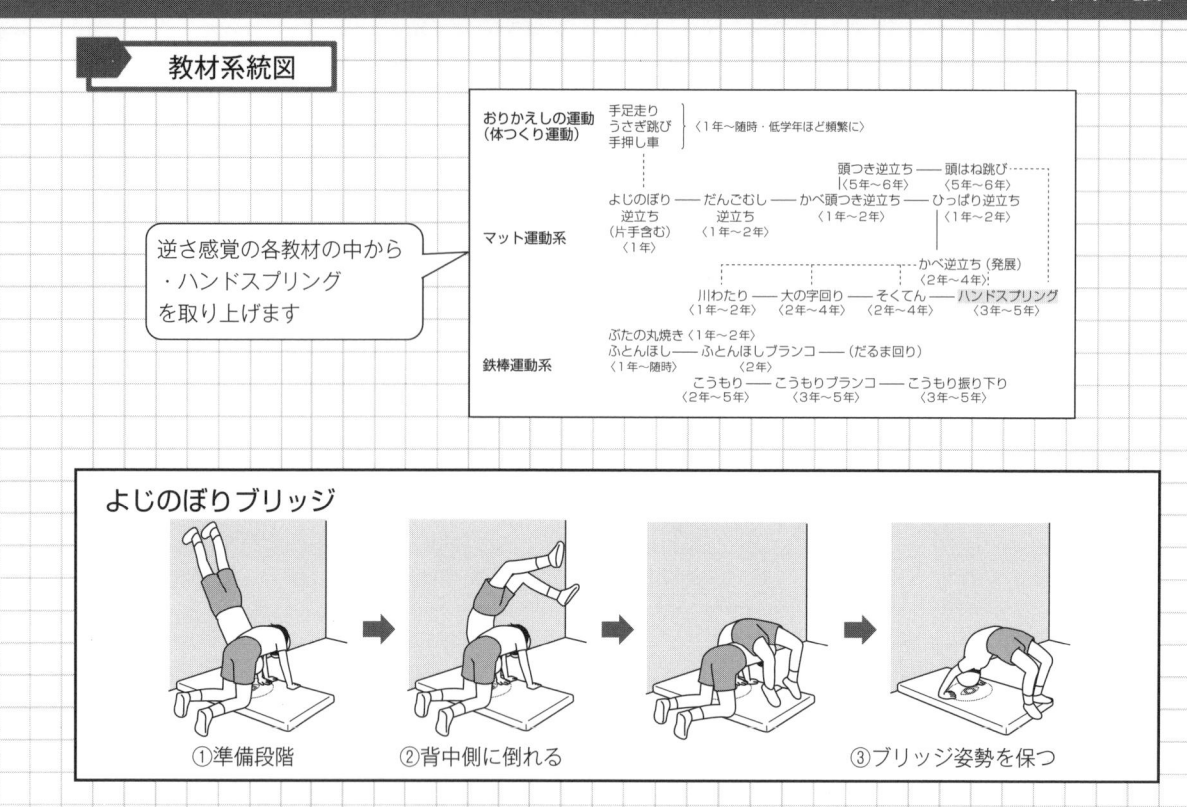

マット運動系		
		頭つき逆立ち ── 頭はね跳び 〈5年〜6年〉　〈5年〜6年〉
	よじのぼり ── だんごむし ── かべ頭つき逆立ち ── ひっぱり逆立ち	
	逆立ち　　　　逆立ち （片手含む）〈1年〜2年〉	〈1年〜2年〉
		かべ逆立ち（発展） 〈2年〜4年〉
	川わたり ── 大の字回り ── そくてん ── ハンドスプリング 〈1年〜2年〉〈2年〜4年〉〈2年〜4年〉　〈3年〜5年〉	
鉄棒運動系	ぶたの丸焼き〈1年〜2年〉 ふとんほし ── ふとんほしブランコ ── （だるま回り） 〈1年〜随時〉　　　　〈2年〉	
	こうもり ── こうもりブランコ ── こうもり振り下り 〈2年〜5年〉　〈3年〜5年〉　〈3年〜5年〉	

逆さ感覚の各教材の中から
・ハンドスプリング
を取り上げます

よじのぼりブリッジ

①準備段階　②背中側に倒れる　③ブリッジ姿勢を保つ

ハンドスプリングは，特別に能力の高い子だけができる教材というイメージをおもちの読者も多いと思いますが，ここまで本書で取り上げてきた教材を経験していれば，多くの子が仲間のお手伝いで，その運動経過を同じように経験することが可能です。以下にそのためのスモールステップを紹介します。

※本書で紹介している教材以外に，ブリッジを経験しておく必要があります。

01　よじのぼりブリッジ

ハンドスプリングで一番恐怖心を抱きやすいのが，後半部分の背中側に倒れるように回転する局面です。この姿勢変化に慣れて恐怖心を低減することと，その恐怖心から体を丸めるのを防ぐこと，この2点をねらいとする教材がよじのぼりブリッジです。ハンドスプリング運動前半部分の立位から逆位になる局面を省き，よじのぼり逆立ち（21ページ）の姿勢から運動を開始します。実施の留意点等を上のイラストに沿って解説していきます。

①準備段階

試技者（運動する本人）は，よじのぼり逆立ちの姿勢で自分の体をしっかりと支持します。お手伝いの子は両手・両膝をマットに着いて，こちらもしっかりした台をつくります。お手伝いの子には，もう一つ注意点があります。それは，自分の脇を試技者の肩甲骨の辺りにぴったりとつけることです。こうすることで，試技者が背中側に倒れる際に，あらか

ハンドスプリング

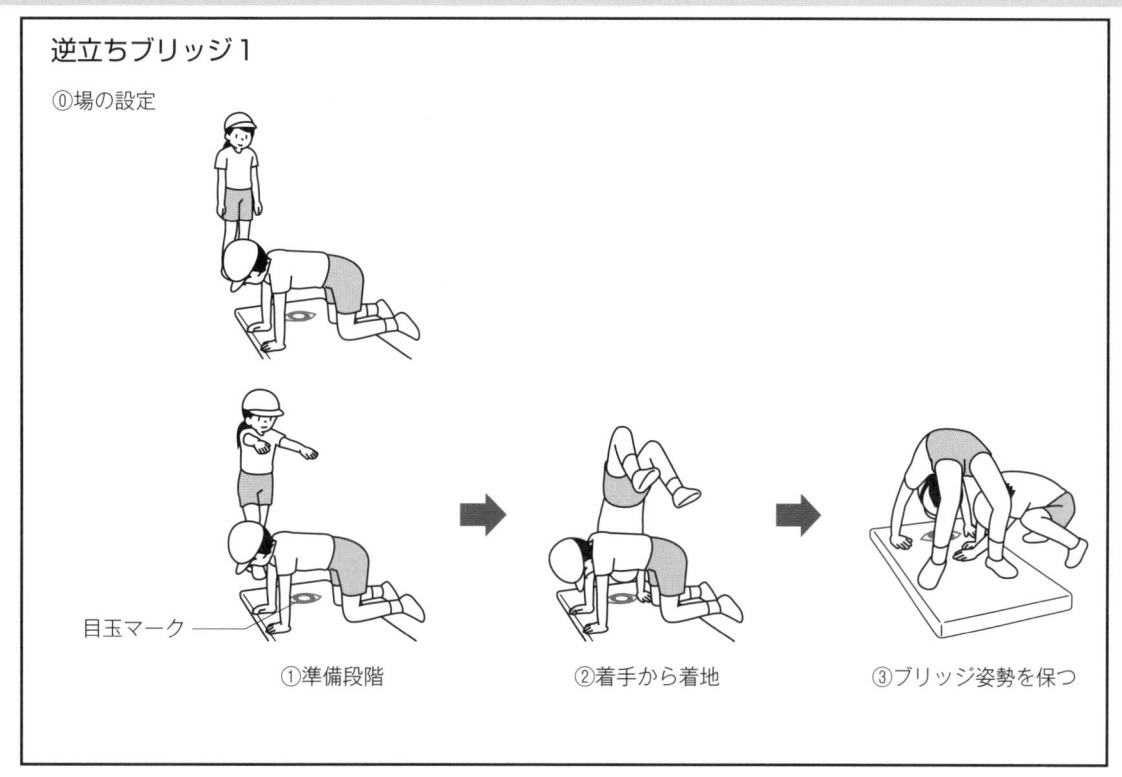

逆立ちブリッジ１

⓪場の設定

目玉マーク

①準備段階　→　②着手から着地　→　③ブリッジ姿勢を保つ

逆さ感覚

回転感覚

腕支持感覚

体の締めの感覚

手足の協調

潜る、浮く、水中での息つぎ

振動感覚

ボールの投捕

相手のいないところをみつける

じめ接していた箇所から順次接触することになり，お手伝いの子の背中にドスン！と落下するのを防ぎます。

　壁を蹴って倒れることが怖い場合は，試技者の両側に２人の仲間を配置して，足を持ってゆっくりと下ろすお手伝いをします。

②背中側に倒れる

　壁を蹴って背中側に倒れます。これが怖い子は，仲間が両足を持ってゆっくりと倒して，マットに着地するまでのお手伝いをします。

　お手伝いの有無にかかわらず，試技者は肘を突っ張り，両手の間に置いた目玉マークを見続けることがポイントとなります。足がマットに着地するときには，体の柔軟性の違いからマットが見えなくなる子どももいますが，見続けているつもりで顎を開き，体を反り続

ける意識をもつことが大切です。

③ブリッジ姿勢を保つ

　台の上でブリッジの姿勢が安定したら，台はさらに姿勢を低くしてブリッジの下から抜けます。試技者は，台が抜けてから一定時間（５〜10秒）ブリッジを維持します。

　ハンドスプリングの最中にブリッジ姿勢を維持することはありませんが，体を反り続ける意識をもつのに有効だと考えています。

02　逆立ちブリッジ（→起きる）

　ハンドスプリング前半部分の立位から逆位への姿勢変化，腕支持の逆立ち姿勢になる局面を加えた教材です。

⓪場の設定

　イラストのように目玉を使うことで，着手

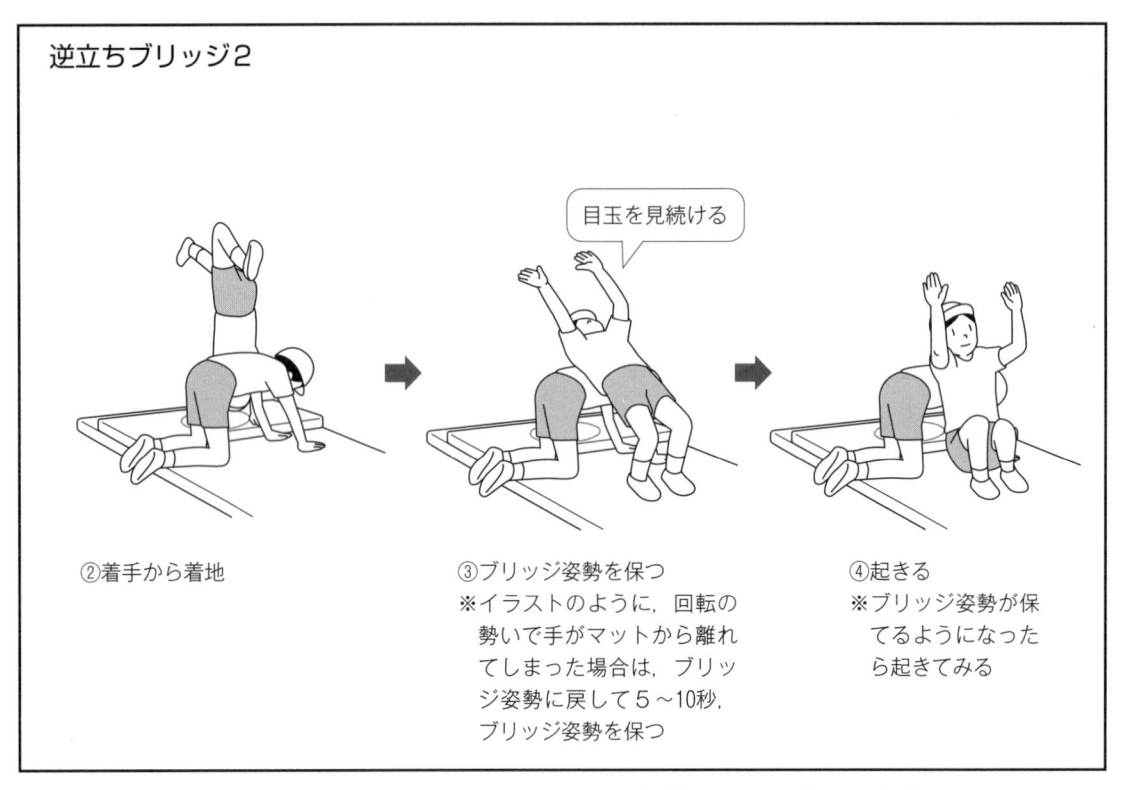

逆立ちブリッジ2

②着手から着地

③ブリッジ姿勢を保つ
※イラストのように，回転の
　勢いで手がマットから離れ
　てしまった場合は，ブリッ
　ジ姿勢に戻して5～10秒，
　ブリッジ姿勢を保つ

目玉を見続ける

④起きる
※ブリッジ姿勢が保
　てるようになった
　ら起きてみる

位置が限定されて，台の子が体を寄せやすく
なります。試技者は目玉の両側に着手します。
これは「03手でのお手伝い」でも同様です。

①準備段階

　準備段階から目玉を見続けることを意識し
ます。お手伝いが必要であれば，試技者の脇
に2人配置します。

　台の子は試技者をよく見て，逆立ちになる
タイミングをはかっておきます。

②着手から着地

　目玉を見続けながら，逆立ち姿勢を経過し
てブリッジになります。肘を突っ張り続ける
のもよじのぼりブリッジと同様です。1人で
の運動が怖い子には，両側のお手伝いが足を
持ってゆっくりと行います。

　台の子は，試技者着手のタイミングで体を
寄せて，自分の脇を試技者の肩甲骨辺りにぴ
ったりつけます。これは，台のお手伝いを用

いる教材すべてに共通します。

③ブリッジ姿勢を保つ

　よじのぼりブリッジと同様です。

④起きる

　ブリッジ姿勢が維持できるようになったら，
ブリッジで停止せずに起き上がってみます。
〈立位→逆位→立位〉というハンドスプリン
グと同様の劇的な姿勢変化を経験することに
なります。

　起き上がる意識が強いと，着手時から体が
丸まって台をつぶしてしまうことがあります。
上記イラスト中央のように目玉を見続ける意
識は，単元中変わらないポイントになります。

　姿勢変化に慣れて，ここまでのポイントに
ついてもできていれば，小さなホップ動作を
入れてもよいでしょう。台のお手伝いは，よ
り注意深くタイミングをはかって体を寄せま
す。

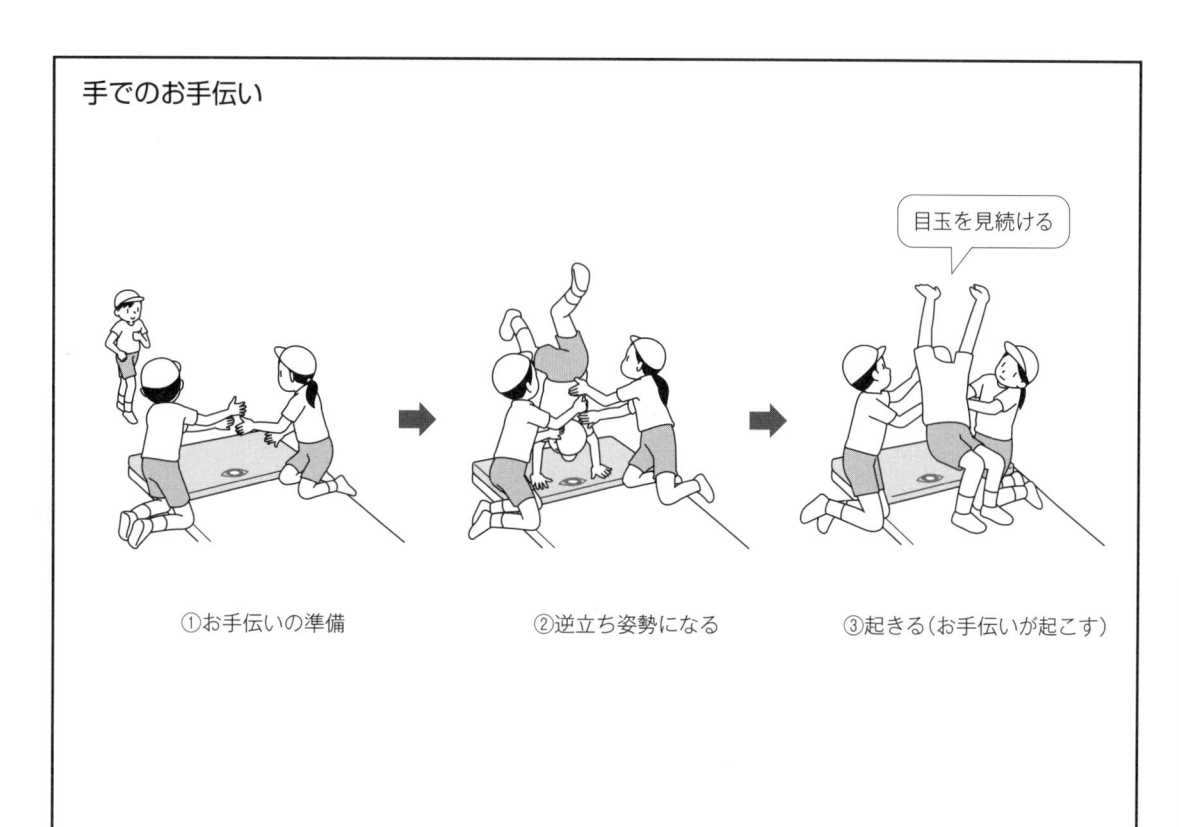

手でのお手伝い

①お手伝いの準備　②逆立ち姿勢になる　③起きる（お手伝いが起こす）

03　手でのお手伝い

　台の子が軽く感じてきた試技者は，仲間2人の両手を使ったお手伝いに進めます。

①お手伝いの準備

　試技者から見て小カラーマットと目玉の向こう側の位置で，立て膝の姿勢で準備します。両手を大きなお盆のように広げ，これを立てたポーズで試技者を待ちます。

②逆立ち姿勢になる

　試技者は，肘を突っ張ること，目玉を見続けることを最後まで意識し続けて，助走・ホップ動作から，脚を強く振り上げます。

　お手伝いは試技者が逆立ちになるのに合わせて，広げた両手で迎えにいきます。倒れてくるのを待つのではなく，真っ逆さまの局面までに試技者に触れて，体を支え始めます。

③起きる（お手伝いが起こす）

　お手伝いの2人は，下側の手で肩甲骨の付近，上の手で腰の付近を支え，試技者を回転させ，起こします。

　お手伝いの子が軽く感じれば，お手伝いを1人に減らす，お手伝いなしでハンドスプリングに挑戦するというステップが可能です。

　1人でハンドスプリングを成功させるためには，着地直前に少しだけ体を縮めるとよいのですが，これは，目玉を見続けて体を反るという重要なポイントと相反する意識となります。単元が進んでから個別のアドバイスにするとよいと考えて実践しています。

逆さ感覚

山崎　和人

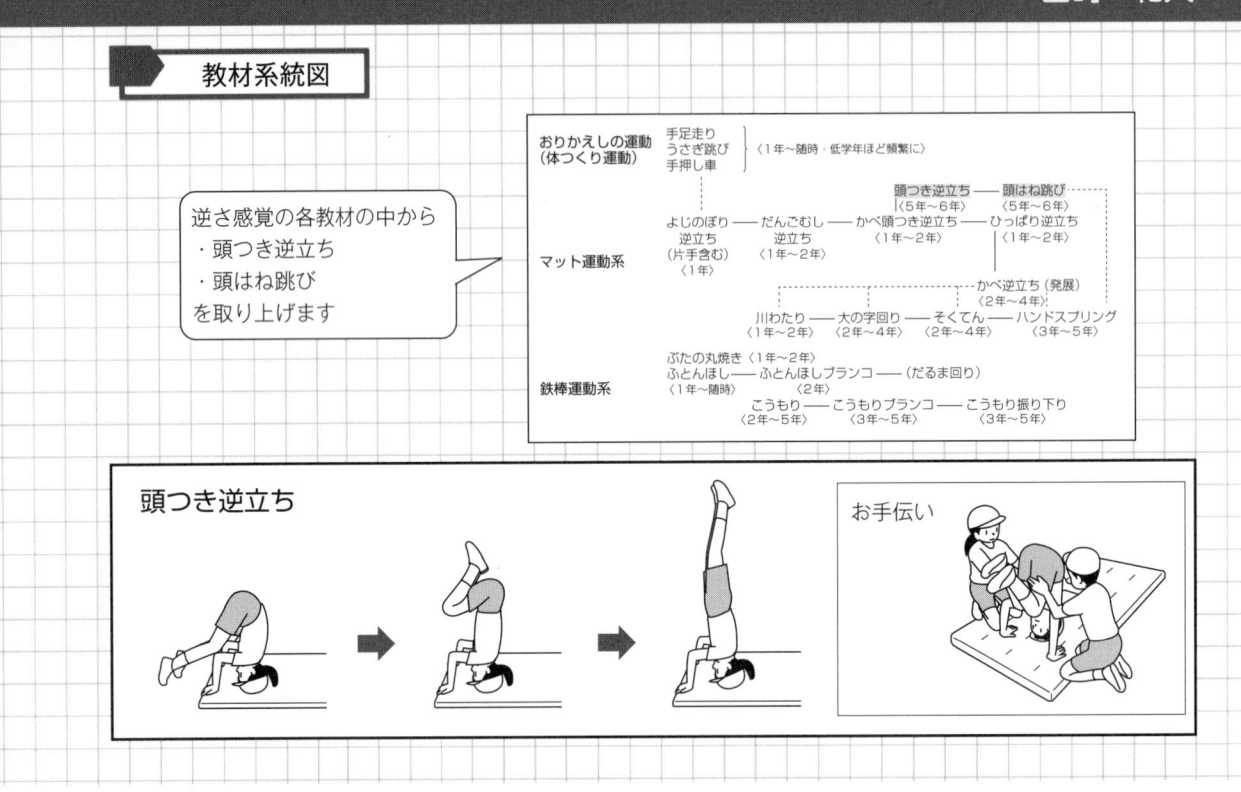

教材系統図

> 逆さ感覚の各教材の中から
> ・頭つき逆立ち
> ・頭はね跳び
> を取り上げます

おりかえしの運動（体つくり運動）	手足走り／うさぎ跳び／手押し車 〈1年〜随時・低学年ほど頻繁に〉
マット運動系	よじのぼり ── だんごむし ── かべ頭つき逆立ち ── 頭つき逆立ち 〈5年〜6年〉／頭はね跳び 〈5年〜6年〉／ひっぱり逆立ち 〈1年〜2年〉／逆立ち（片手含む）〈1年〉／逆立ち 〈1年〜2年〉／かべ逆立ち（発展）〈2年〜4年〉／川わたり 〈1年〜2年〉── 大の字回り 〈2年〜4年〉── そくてん 〈2年〜4年〉── ハンドスプリング 〈3年〜5年〉
鉄棒運動系	ぶたの丸焼き〈1年〜2年〉／ふとんほし ── ふとんほしブランコ ── （だるま回り）〈1年〜随時〉〈2年〉／こうもり ── こうもりブランコ ── こうもり振り下り 〈2年〜5年〉〈3年〜5年〉〈3年〜5年〉

頭つき逆立ち

お手伝い

01　頭つき逆立ち

　頭つき逆立ちは，だんごむし逆立ち，かべ頭つき逆立ち（22ページ）の発展の運動です。

　マットの端を逆手でつかみ，生え際から頭頂部をつけ，両足をゆっくりと上げ，両手と頭の3点に体重を乗せます。手は肩幅よりも広げます。また，頭をつける位置は，両手と頭を結んだ二等辺三角形ができるようにつけます。このときに，手前すぎるとバランスをとることが難しいので，頭3つ分くらい奥に着くとよいでしょう。膝を曲げた状態（だんごむし）のバランスをとることが難しい子には，子ども同士でお手伝いをします。お手伝いは，両脇から，腿の裏と背中を押さえるようにします。バランスをとれそうなときには，ゆっくりとお手伝いの手を離していきます。はじめのうちは，5秒維持できるようにし，運動に慣れてきたら，10秒など維持する時間を延ばしていきます。

　だんごむしでバランスをとることに慣れてきたらゆっくりと脚を伸ばしていきます。

　はじめのうちは，腰を伸ばしてマットに対して体を垂直に伸ばすよりも，腰を少し曲げて「くの字」になった方が，バランスをとりやすいです。手はだんごむしの状態と同様に，肩幅よりも広げて，逆手でマットをつかみます。1人でバランスをとることに慣れてきたら，お手伝いをして垂直になるように脚を持ってゆっくりと腰を伸ばしていきます。これも子どもたちの実態に合わせて5秒程度から始めて少しずつ時間を延ばしていきましょう。

頭つき逆立ち，頭はね跳び

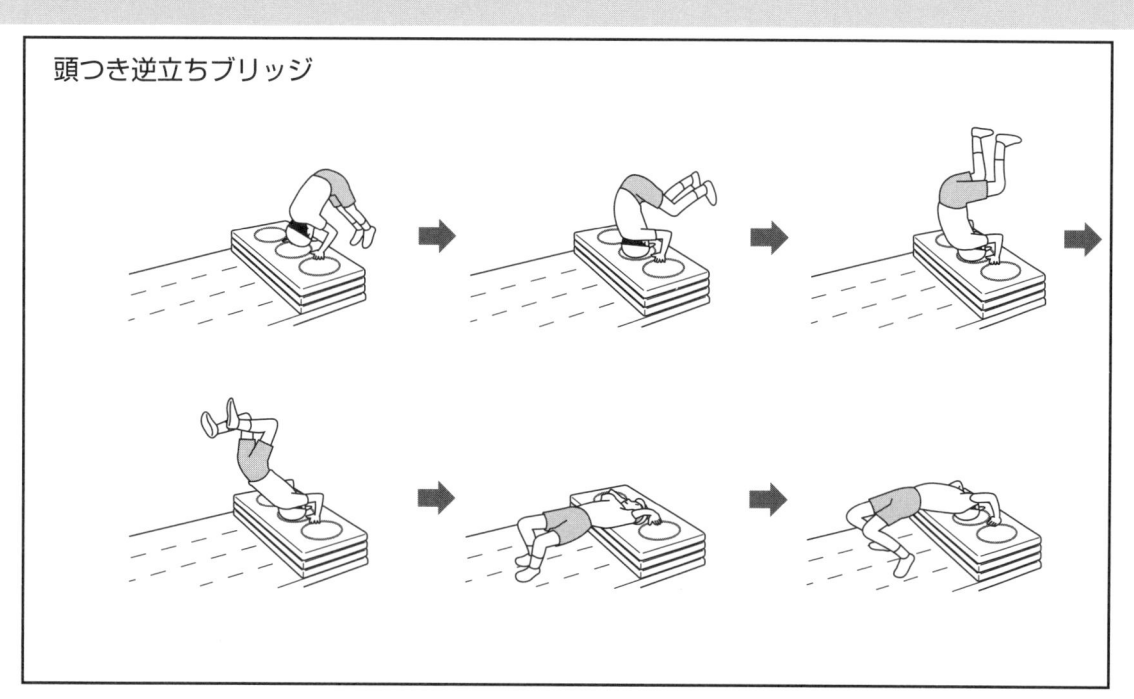

頭つき逆立ちブリッジ

02 頭はね跳び

　頭はね跳びは，跳び箱運動の台上前転の発展として位置づけられることが多いです。しかし，後頭部を着かないことやブリッジ姿勢を経過することから別系統であると捉えることが望ましいです。ダイナミックな技であり，難易度が高く感じますが，前項のハンドスプリング同様，ここまで取り上げてきた教材を経験していれば，多くの子が頭はね跳びの運動過程を経験することができます。

　なお，ハンドスプリング同様ブリッジ姿勢を経過することから，ブリッジについては，経験しておく必要があります。

①頭つき逆立ちブリッジ

　小マットを3枚重ね，両足を揃えて上げて，頭つき逆立ちをします。その後，脚を前方に倒していき，ブリッジの姿勢をつくります。

そのまま，ブリッジの姿勢を5～10秒程度維持します。最後に，仲間のお手伝いで両脇から背中と肩を持ち上げて立たせます。

　はじめのうちは，だんごむし逆立ちを行うように，脚を曲げたままお尻を上げ，ゆっくりと脚を伸ばしていきます。頭を着く位置は，両手と頭を結んで，二等辺三角形ができるようにします。頭はね跳びでは，最後にはね動作があることから，手は逆手ではなく，順手で着手するようにします。

　お手伝いは，試技者の両脇で膝立ちもしくは中腰の状態で，両手を出して構えます。試技者が頭つき逆立ちを完了させたら，肩と背中をしっかりと支え，ブリッジの姿勢にしていきます。決められた時間ブリッジの姿勢を維持した後，肩と背中を持って起き上がらせます。

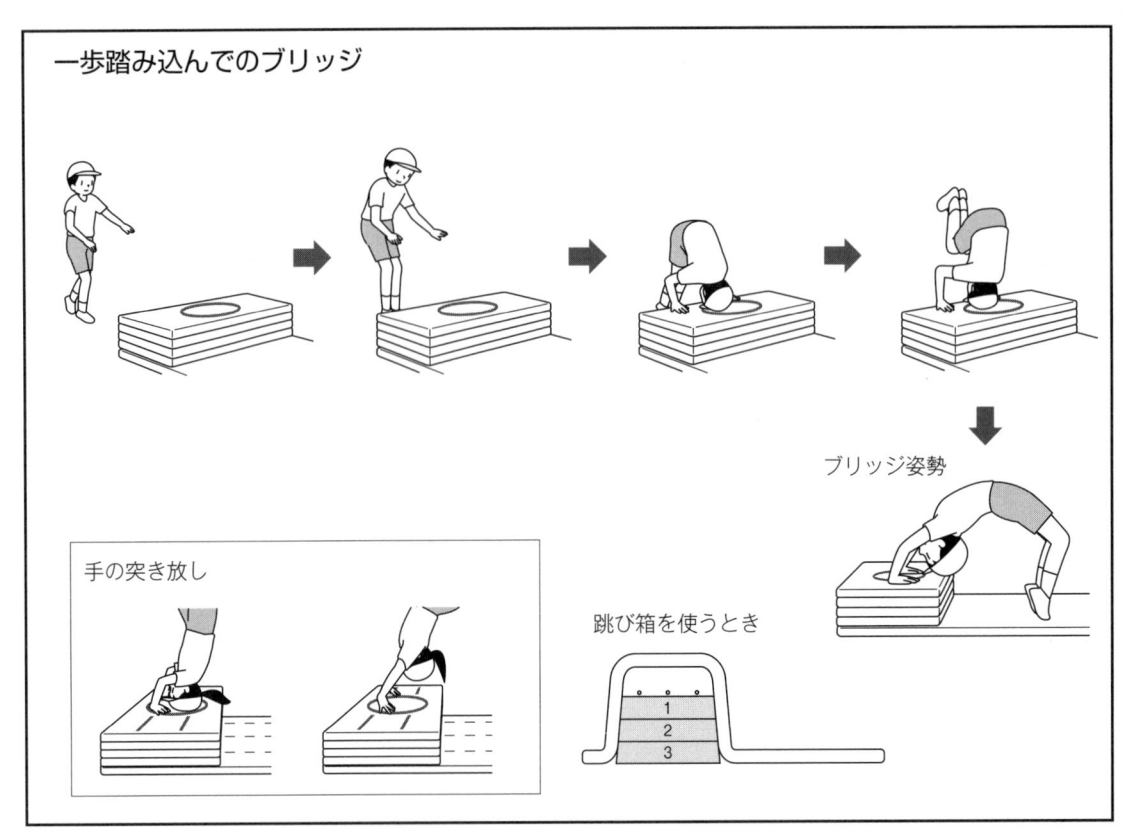

一歩踏み込んでのブリッジ

ブリッジ姿勢

手の突き放し

跳び箱を使うとき

1
2
3

②一歩踏み込んでブリッジになろう1

　小マットの枚数を4～5枚にして取り組ませます。マットが増えて高くなったことから，腰を上げるために一歩助走をすることを伝えます。一歩の助走から両足で踏み切り，手と頭を着いて背中を伸ばしてブリッジをして，手でしっかりと押します。運動に慣れてくると，頭をマットに着くことなく，前方向に回転してしまうことがあります。ですので，ここでも，お手伝いや，ブリッジ姿勢の保持は継続します。

　頭を着いた状態でブリッジをして，5秒程度姿勢を保持します。その後，両脇からのお手伝いで起き上がります。また，勢いをつけようと助走距離をとろうとする子が出てくることがありますが，ここでは一歩の助走にしておきます。ブリッジの姿勢を十分に意識す

ることができたら，1人で立つことに挑戦します。小マットが3枚のときと比べて落差があるので，着地しやすくなります。

　安全面で気をつけておきたいこととして反るタイミングが早すぎる子の指導が挙げられます。早くブリッジの姿勢になろうとして体が上に伸びてしまうので，3点を着いた後にゆっくりと反ることができるよう指導します。

③一歩踏み込んでブリッジになろう2

　小マットの枚数を7枚程度まで増やして行います。小マットの枚数が足りないときには，跳び箱3段の上にロングマットを置いて行います。高さがあるのでしっかりと両足で踏み切って腰を高く上げる必要があります。高さを上げると勢いで回転しようとする子が出てきますが，脚を伸ばすことやゆっくりと回転することを意識させます。

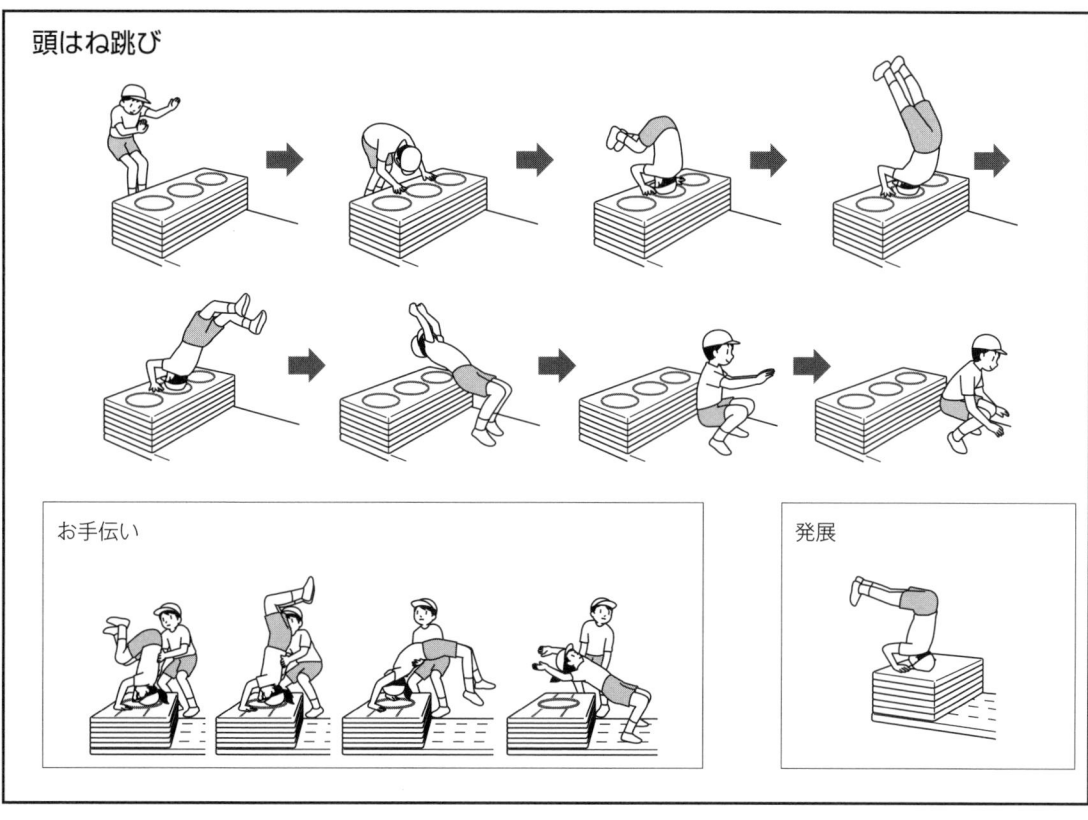

頭はね跳び

お手伝い

発展

この段階で，はね動作に近い子と膝を曲げたままブリッジの姿勢に入る子を比較します。比較のポイントとしては，腰の角度や脚の動きに着目します。

④頭はね跳びに挑戦しよう

マットに手と頭の3点を着いてからゆっくりとため動作をつくり，マットを両手で突き放すことを指導します（前ページ）。

手でマットを押すのは，脚が真上に来た直後ですが，試技をしている子がそのタイミングを意識することは難しいと考えます。そこでマットを押すタイミングがつかめない子に対しては，お手伝いをすることが望ましいです。はじめは両脇から，両手でしっかりと支え，反対側に送り出してあげるようにします。

お手伝いしている子が軽くなってきたと感じたら教師に報告させ，教師の補助で試技を行い，お手伝いの人数を減らすか，引き続き2人のお手伝いで行うかを判断するとよいでしょう。判断の目安としては，ブリッジの姿勢を意識して体を反らせることができていること，マットを押すタイミングがつかめていることがポイントになります。

運動に慣れてきたら踏み切り後，膝を伸ばしたままゆっくりと腰の角度を広げていき，ためをつくることができるようになるとよりダイナミックな動きになります。手の突き放しをしていく動きが出てくることがありますが，腰の角度を開くことによって勢いがつくことを確認します。

この段階では，3点を着いた状態で腰を曲げた「く」の字の姿勢がつくれているかを確認して取り組んでいきます（上イラスト「発展」）。

逆さ感覚

回転感覚

腕支持感覚

体の締めの感覚

手足の協調

潜る・浮く、水中での息つぎ

振動感覚

ボールの投補

相手のいないところをみつける

逆さ感覚

眞榮里　耕太

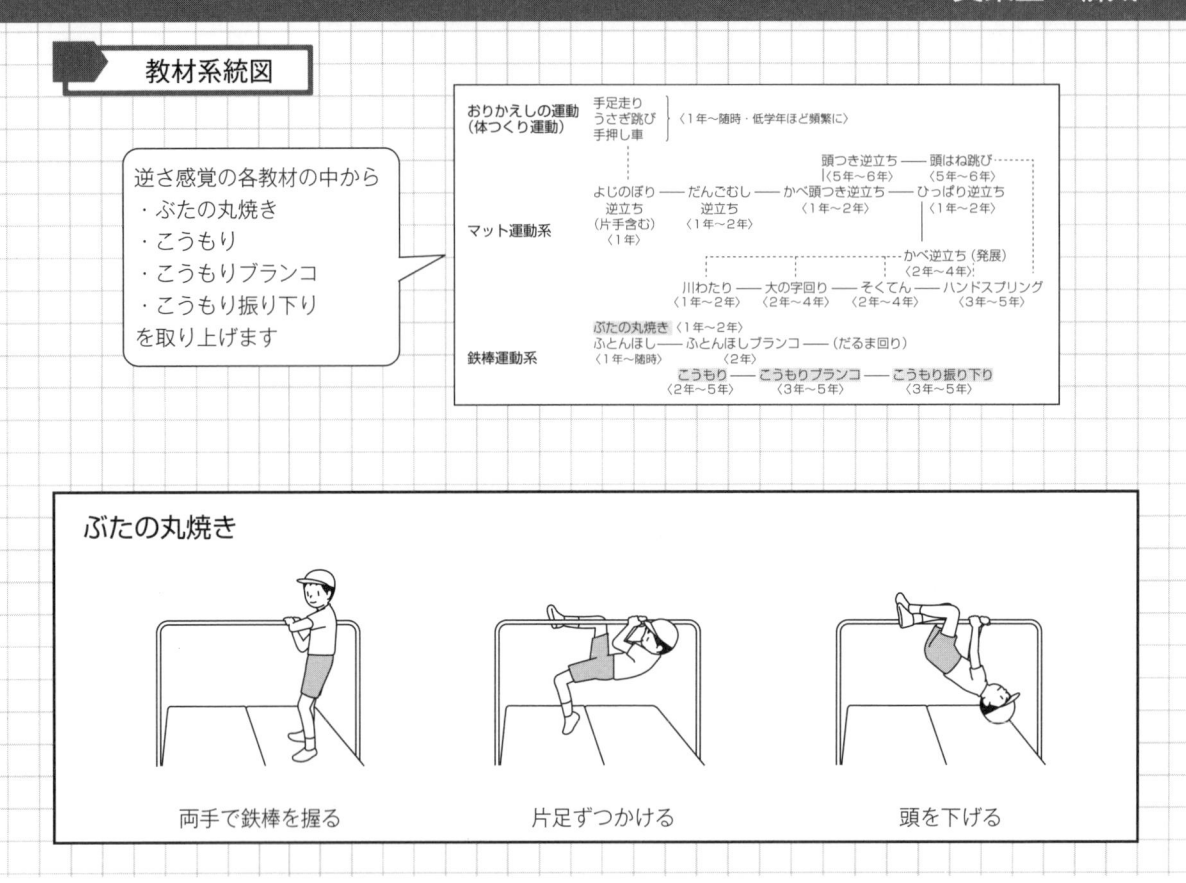

教材系統図

逆さ感覚の各教材の中から
・ぶたの丸焼き
・こうもり
・こうもりブランコ
・こうもり振り下り
を取り上げます

おりかえしの運動（体つくり運動）　手足走り　うさぎ跳び　手押し車　〈1年〜随時・低学年ほど頻繁に〉

マット運動系
頭つき逆立ち〈5年〜6年〉 ── 頭はね跳び〈5年〜6年〉
よじのぼり ── だんごむし ── かべ頭つき逆立ち〈1年〜2年〉 ── ひっぱり逆立ち〈1年〜2年〉
逆立ち（片手含む）〈1年〉　逆立ち〈1年〜2年〉
かべ逆立ち（発展）〈2年〜4年〉
川わたり〈1年〜2年〉 ── 大の字回り〈2年〜4年〉 ── そくてん〈2年〜4年〉 ── ハンドスプリング〈3年〜5年〉

鉄棒運動系
ぶたの丸焼き〈1年〜2年〉
ふとんほし ── ふとんほしブランコ ── （だるま回り）〈1年〜随時〉
こうもり〈2年〜5年〉 ── こうもりブランコ〈3年〜5年〉 ── こうもり振り下り〈3年〜5年〉

ぶたの丸焼き

両手で鉄棒を握る　　　　片足ずつかける　　　　頭を下げる

鉄棒運動は，鉄棒にお腹や足をかけることによって，逆さの姿勢になりやすい運動です。また，その姿勢を維持することが容易なため，逆さの感覚を身につけ，高めやすいという特長もあります。本項では，ぶたの丸焼きから，こうもり，こうもりブランコ，こうもり振り下りへの系統を取り上げます。

※系統図の中には，ふとんほしやだるま回りについて示されていますが，これらは，回転感覚を高める際に取り上げたい運動教材ですのでそちらに譲ります。

01　ぶたの丸焼き

イラストのように頭をお尻より下にすることで，逆さの姿勢になることができます。この運動は，多くの子が容易に取り組むことができる運動なので低学年のうちに取り組ませたいです。まずは，鉄棒を両手で握り，片足ずつ鉄棒に足をかけます。足がかかったら頭を下げて逆さになるようにしましょう。腰の位置を高くすることによって，より逆さの姿勢に近づけることができます。活動では，姿勢を維持する時間を5・10秒と延ばしていきます。安全面に配慮して片手を離してみることに挑戦してもよいでしょう。姿勢を保つことができなかったり，足が上がらなかったりする場合には，仲間や教師に腰を持ち上げてもらって，足をかけるようにしましょう。

ぶたの丸焼き，こうもり，こうもりブランコ，こうもり振り下り

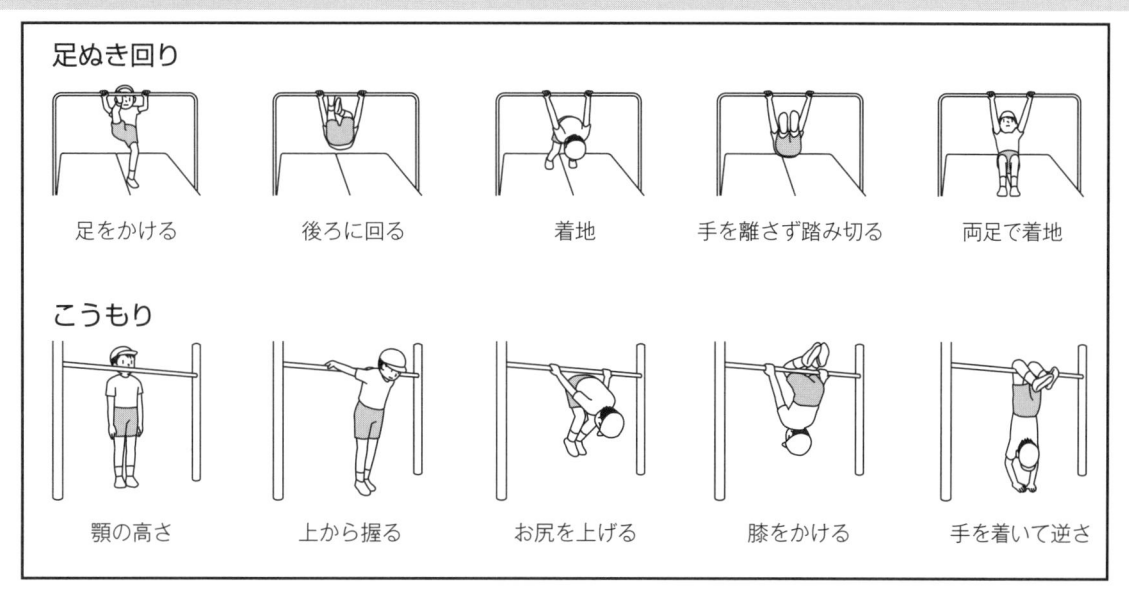

足ぬき回り

足をかける　　後ろに回る　　着地　　手を離さず踏み切る　　両足で着地

こうもり

顎の高さ　　上から握る　　お尻を上げる　　膝をかける　　手を着いて逆さ

02 足ぬき回り

足ぬき回りは，鉄棒と地面の間で体を回転させる運動です。鉄棒を握った手と手の間に足をかけて，体を後ろの方向に回転させます。着地をしたら両足で踏み切って軽くジャンプして元の姿勢に戻ります。回転するときに，膝を曲げ胸に近づけるような姿勢をとりましょう。

前後どちらの方向にも回れるようにしましょう。また，慣れてきたら，鉄棒に足をかけないことや回る回数を増やすことに取り組んでみましょう。

03 こうもり

こうもりは鉄棒に両膝の後ろをかけて逆さまの姿勢になります。鉄棒の高さは顎の高さに合わせましょう。逆さまになったときに手が地面に着かない高さであると大変危険です。また，頭が地面に着いてしまうことも危ない

です。

こうもりになるには，イラストのように鉄棒を上から握り，頭を下げてお尻を上げます。両膝が鉄棒にかかったら，片手ずつ鉄棒から離して地面に着きます。姿勢が安定したら地面から手を離して，上半身の力を抜いて脱力した姿勢になりましょう。

力が入りすぎるとお尻が出っ張った姿勢になり，足が鉄棒から離れやすくなるので注意が必要です。

逆さの姿勢に慣れるまでは，5・10秒と時間を増やしていきます。また，地面に自分の名前を書いたり，隣の子とジャンケンをしたりする活動を取り入れましょう。

鉄棒から下りるときには，手を地面に着いて背中の方向に手で歩きます。ある程度歩くと鉄棒にかけている足が自然と離れます。

鉄棒から両足を同時に離して，膝を抱えて足の裏で着地しましょう。この先のこうもり振り下りを見越すと，地面に着いた手と手の

逆さ感覚

回転感覚

腕支持感覚

体の締めの感覚

手足の協調

潜る・浮く，水中での息つぎ

振動感覚

ボールの投補

相手のいないところをみつける

こうもりブランコ

しゃがんだ膝

しゃがんだ胸

高くなるにしたがって
お手伝いの子は鉄棒から
離れていく

立った腰

立った胸

お手伝い

脇を両手で持って
体を振動させる

間に着地できるとよいでしょう。

 04 こうもりブランコ

こうもりの姿勢から上半身の力を使って体を振動させます。背中の方向に体が振れているとき力を入れましょう。手を伸ばし，顎を上げて背中の方向を見るようにします（顎の上下動を意識させすぎてしまうと背中が丸まって落下の危険があるので注意します）。

膝の裏の痛みを感じてしまったり，振動させる力をうまく使うことができていない場合には，イラストのようにお手伝いを活用しましょう。脇の下を支えて体を振動させます。

体を大きく振動させることができるようになったら，振動の具合を互いに確認します。

上のイラストのようにお手伝いの子は両手を出して構えます。その両手をしっかりと見ながらタッチをします。

「しゃがんだ膝」「しゃがんだ胸」「立った腰」「立った胸」の前に両手を出します。どの高さでも両手で3回タッチすることができたら合格とします。

いきなり高い高さに挑戦するとバランスを崩してしまうので，順番に取り組んでいきましょう（手のタッチが難しい場合には目標物を決めて見えたかどうか判断させましょう）。

鉄棒から下りるときには，地面に手を着いて両足を同時に鉄棒から離すようにします。そして，手と手の間に足が着くようにしましょう。

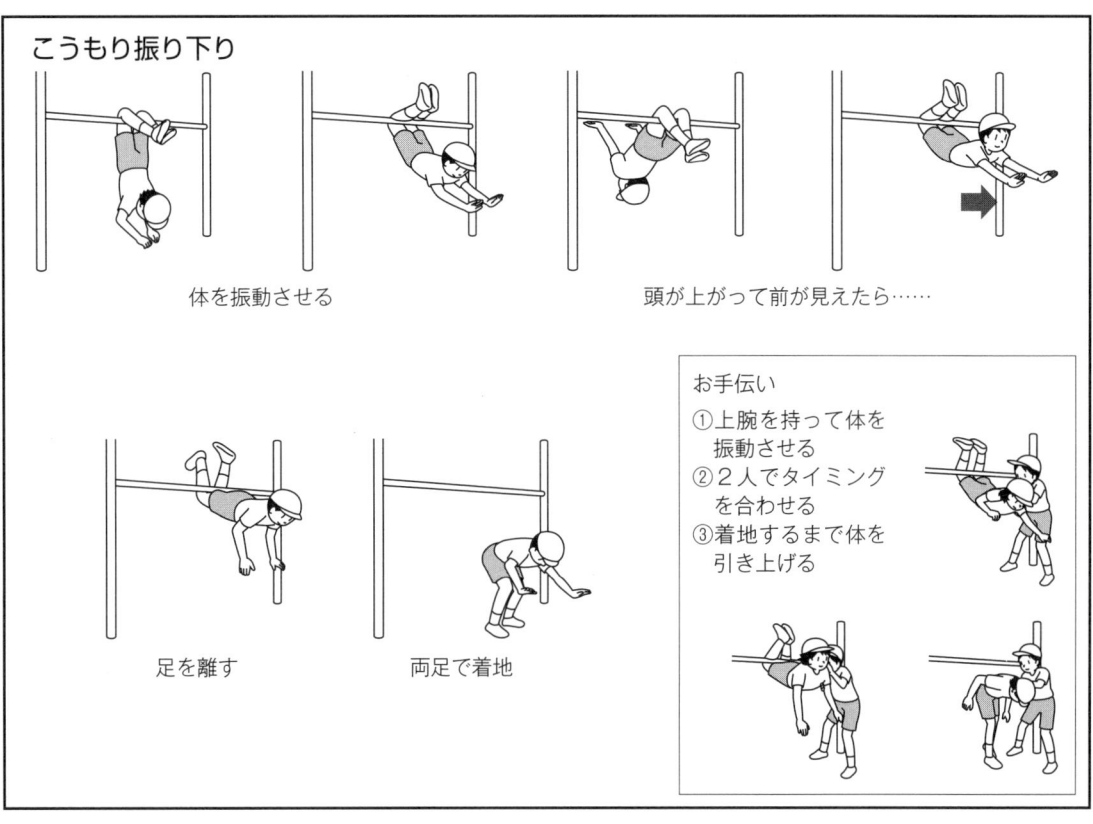

こうもり振り下り

体を振動させる

頭が上がって前が見えたら……

足を離す

両足で着地

お手伝い
①上腕を持って体を振動させる
②2人でタイミングを合わせる
③着地するまで体を引き上げる

05 こうもり振り下り

体を大きく振動させることができるようになったら両足を鉄棒から離して，手を地面に着かずに下ります。

振り下りに挑戦する目安は，こうもりブランコで仲間の立った胸の高さのタッチができるようになることです。

この運動では，鉄棒から足を離すタイミングがポイントとなります。頭が鉄棒付近まで上がってきたときに足を離すとスムーズに下りることができます。

タイミングがつかめない段階では，焦ってしまい頭が上がりきる前に足を離してしまうと両足で着地することができません。また，恐怖心から足を離すことができない場合もあります。

足を離すタイミングをつかむためにお手伝いを使います。お手伝いをする子は，片方の脇（上腕）を両手でしっかりと持って，体を引き上げます。このときに運動をする子とお手伝いをする子が事前にタイミングを確認し，「いーち」「にー」「さーん」とタイミングを合わせて鉄棒から下りる経験を積み重ねましょう。足を離すタイミングがつかめたら1人で挑戦してみましょう。

実際に体に触れるお手伝いの他には，声で足を離すタイミングを伝えます。体が振れて上がってきたときに「いま」と大きな声で足を離すタイミングを伝えましょう。

1人で下りることができるようになった子には，体を振動させる回数を減らして下りることや，低い高さの鉄棒から安全に下りることにチャレンジさせます。

回転感覚

齋藤　直人

教材系統図

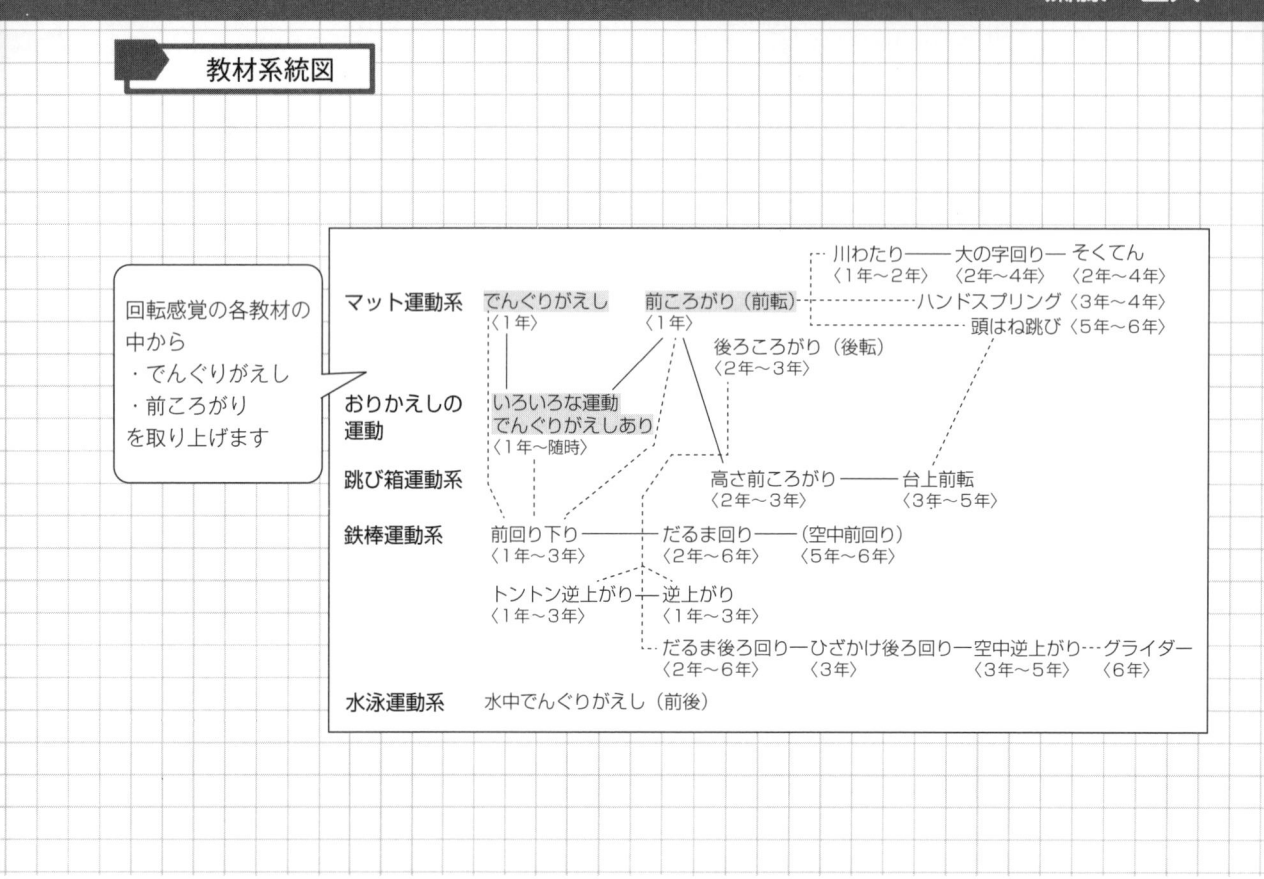

回転感覚の各教材の中から
・でんぐりがえし
・前ころがり
を取り上げます

マット運動系　　でんぐりがえし〈1年〉　前ころがり（前転）
　　　　　　　　　　　　　　　　　　　　　川わたり〈1年〜2年〉　　大の字回り〈2年〜4年〉　そくてん〈2年〜4年〉
　　　　　　　　　　　　　　　　　　　　　後ろころがり（後転）〈2年〜3年〉　ハンドスプリング〈3年〜4年〉
　　　　　　　　　　　　　　　　　　　　　頭はね跳び〈5年〜6年〉

おりかえしの運動　いろいろな運動　でんぐりがえしあり〈1年〜随時〉

跳び箱運動系　　　高さ前ころがり〈2年〜3年〉　台上前転〈3年〜5年〉

鉄棒運動系　　前回り下り〈1年〜3年〉　だるま回り〈2年〜6年〉　（空中前回り）〈5年〜6年〉
　　　　　　　トントン逆上がり〈1年〜3年〉　逆上がり〈1年〜3年〉
　　　　　　　だるま後ろ回り〈2年〜6年〉　ひざかけ後ろ回り〈3年〉　空中逆上がり〈3年〜5年〉　グライダー〈6年〉

水泳運動系　　水中でんぐりがえし（前後）

01　回転感覚について

　逆さ感覚に続いて，本項から取り上げるのは，「回転感覚」です。逆さ感覚と同様に，意図的に運動しなければ回転することは日常の中ではありません。

　ここでいう回転感覚は，立位や逆位が入れ替わる運動や，これが連続する運動に慣れていく感覚を指します。この感覚が高まると，回転中に自分の姿勢，回転の進み具合を認識して，体を操作することができるようになります。また，逆さまの状態を経過する運動に慣れていく感覚なので，逆さ感覚との関連が深い感覚ともいえます。

02　回転感覚を高める運動

　上の図をご覧ください。回転感覚を高める教材は，マット運動系，跳び箱運動系，鉄棒運動系など主に器械運動に関する領域が中心ですが，水泳運動でも回転感覚を高める教材があります。また，マット運動系や跳び箱運動系は自分の腕で体を支えて体を回転させる一方，鉄棒運動系では鉄棒を軸にして体を回転させます。回転のさせ方に違いがありますが，立位と逆位が入れ替わる動きは日常生活の中ではないので意図的に関連させながら教材に取り組ませます。様々な教材で回転し，その感覚に慣れさせていくことが重要です。

でんぐりがえし，前ころがり

でんぐりがえし，前ころがり

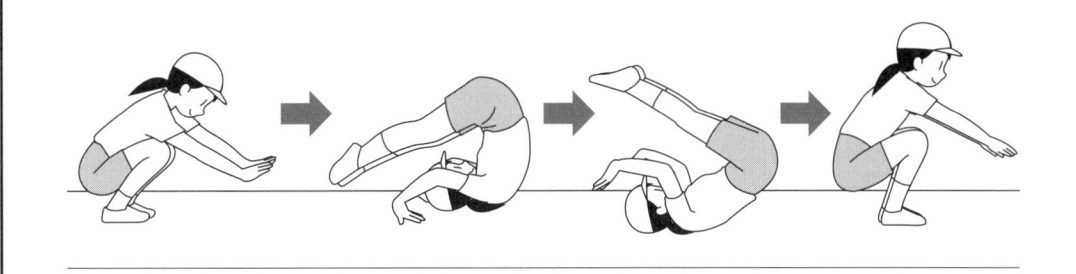

03　でんぐりがえし，前ころがり

マットの上でしゃがみます。両手を前の方に出し，前を見て回転の準備をします。

腰を高く上げて，軽く踏み切って，回転を開始します。このときに顎を引いて，おへそを見るようにして，頭をしまいます。

腕で体を支えながら，頭の後ろ側をマットにつけるようにします。なるべく膝を伸ばしながら回転していきます。足が頭の上を越えたら，膝を曲げながら起き上がる準備をします。両手を突き放し，前に出して回る勢いを保ったまま起き上がります。

やり方は上のような流れですが，低学年のうちはきれいに回ることを課題とせずに，回転すること自体を大切にしましょう。

①足が揃っていない

最初のうちは，足が揃っていてもいなくてもどちらも認めてあげましょう。ただし，片足ずつ上げながら回ると，体を反るような動きになりやすいので注意が必要です。

膝に帽子を挟んで回るようにさせると，最初から最後まで足を揃えるように意識するようになります。

②頭頂部がマットに着いてしまう

頭頂部がマットに着いてしまうとスムーズに回転することができません。

回転のときにおへそを見ることを意識させるのはもちろん，顎に帽子を挟んで回るようにすると頭が入りやすくなります。

また，なるべく前の方に手を着くように声をかけるのも効果的です。

逆さ感覚

回転感覚

腕支持感覚

体の締めの感覚

手足の協調

潜る・浮く・水中での息つぎ

振動感覚

ボールの投捕

相手のいないところをみつける

「手足走り」からのでんぐりがえし

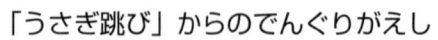

「うさぎ跳び」からのでんぐりがえし

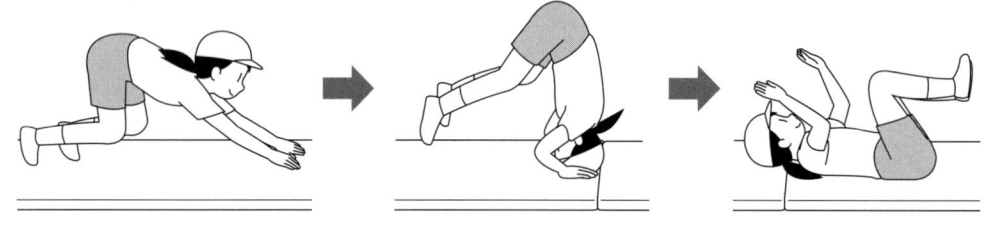

④ いろいろな運動からの でんぐりがえし

　ここでは、「でんぐりがえし、前ころがり」を単体で扱うのではなく、他の運動と組み合わせながら、回転感覚を高める教材を紹介します。

　取り組む順番としては、前のページの**単体での「でんぐりがえし、前ころがり」よりも先に**、次のような教材に１年生から取り組むことをおすすめします。

　スムーズに回転できなくても大丈夫なことを伝えつつ、１人で回れない子には教師がお手伝いをしてあげて、回転する経験をさせることが大切です。

　おりかえしの運動のコース上にマットを敷くだけで、すぐに取り組むことができます。

① 「手足走り」からのでんぐりがえし

　膝を床に着かずに前に進む手足走りの勢いを生かして、でんぐりがえしをします。

　手足走りをしていると腰の位置が自然と高くなるので、体を回転させやすくなります。

　おりかえしの運動のコース上で行う際には、必ずマットに手を着いてから回るように声をかけます。

② 「うさぎ跳び」からのでんぐりがえし

　「手・足・手・足」のうさぎ跳びのリズムのまま、でんぐりがえしをします。

　手足走りと同様に腰の位置が自然と高くなりますし、手を遠くに着くようになるので、体を回転させやすくなります。

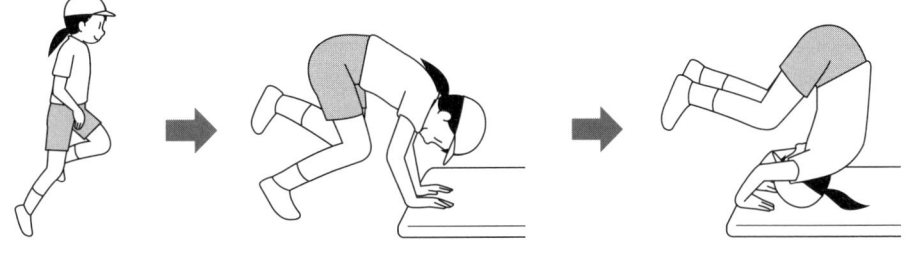

「ケンケン」からのでんぐりがえし

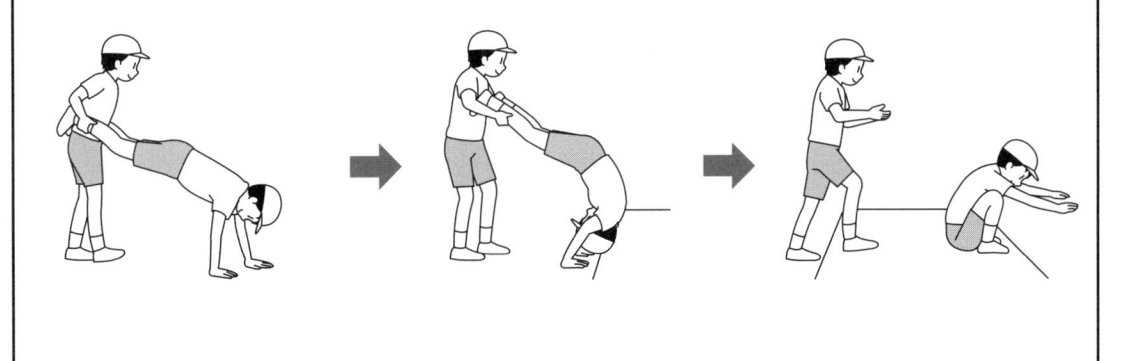

「手押し車」からのでんぐりがえし

③「ケンケン」からのでんぐりがえし

片足ケンケンをしながらマットに近づき，片足ケンケンの勢いのまま，マットに手を着き，両足を揃えて踏み切り，でんぐりがえしをします。

手をマットに着いたときには，手足走りやうさぎ跳びのときよりも腰の位置が高くなるので回りやすくなります。ただし，視線が一気に下がるので，手を着いたときにおへそを見るように声をかけ，なるべく体を丸くして回転動作に入れるようにしましょう。

片足ケンケンからのでんぐりがえしだけでなく，両足ジャンプやスキップからのでんぐりがえしにも取り組んでみましょう。

④「手押し車」からのでんぐりがえし

逆さ感覚を高める運動でも扱った手押し車（19ページ）からのでんぐりがえしにも取り組んでみましょう。

回転する子は肘をしっかり伸ばし，お腹と背中に力を入れます。お手伝いをする子は，足を持ち上げます（足首を持つよりも膝を持つようにするとより安全）。

ゆっくりと移動してマットに近づき，マットに手を着いたら，顎を引いて回転動作に入ります。その動きに合わせてお手伝いの子も足を移動させ，でんぐりがえしをさせます。

これも回転するときに腰が高い位置にあるので回りやすくなっています。

お手伝いの子はあまり早く手を離さないように気をつけましょう。

回転感覚

平川　譲

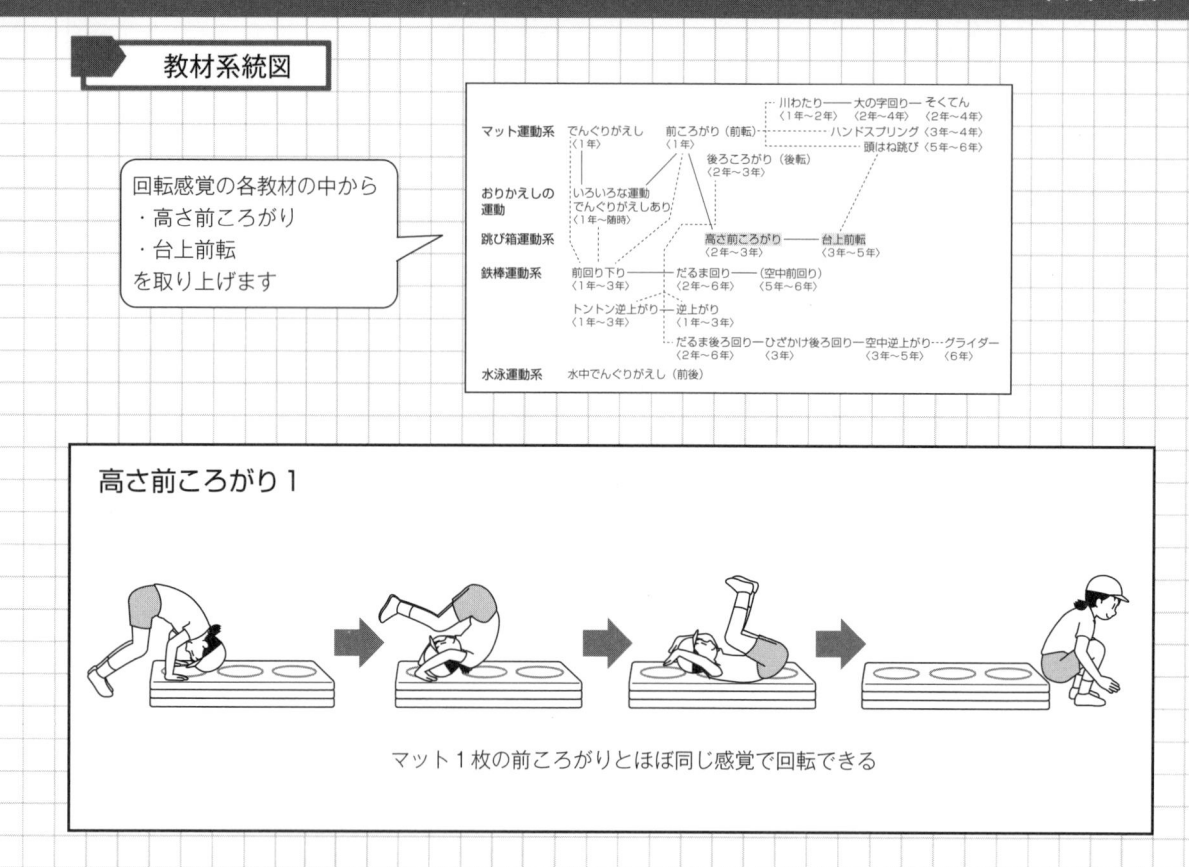

教材系統図

回転感覚の各教材の中から
・高さ前ころがり
・台上前転
を取り上げます

マット運動系	でんぐりがえし〈1年〉	前ころがり（前転）〈1年〉	川わたり〈1年〜2年〉 大の字回り〈2年〜4年〉 そくてん〈2年〜4年〉
おりかえしの運動	いろいろな運動 でんぐりがえしあり〈1年〜随時〉	後ろころがり（後転）〈2年〜3年〉	ハンドスプリング〈3年〜4年〉 頭はね跳び〈5年〜6年〉
跳び箱運動系		高さ前ころがり〈2年〜3年〉	台上前転〈3年〜5年〉
鉄棒運動系	前回り下り〈1年〜3年〉	だるま回り〈2年〜6年〉	（空中前回り）〈5年〜6年〉
	トントン逆上がり〈1年〜3年〉	逆上がり〈1年〜3年〉	
		だるま後ろ回り〈2年〜6年〉 ひざかけ後ろ回り〈3年〉 空中逆上がり〈3年〜5年〉 グライダー〈6年〉	
水泳運動系	水中でんぐりがえし（前後）		

高さ前ころがり1

マット1枚の前ころがりとほぼ同じ感覚で回転できる

でんぐりがえし，前ころがりに続いて，同じ接転系の教材である「高さ前ころがり」と「台上前転」を紹介します。高さ前ころがりは台上前転につながる教材です。マット運動の教材を跳び箱運動につなげていくわけですが，基礎感覚・技能の視点で教材を見れば，回転感覚を高める接転系の運動で，回転するマットの高さが5cmずつ上がっていくだけのことです。マット運動，跳び箱運動という区分けは，器械体操を知っている大人の見方で，これに取り組む子どもにとっては「どちらでもいいこと」といえます。

ちょっと怖いと思う子が多い台上前転に，スムーズに入っていける高さ前ころがりを，これから紹介します。

01 高さ前ころがり1（マット2〜4枚）

床から踏み切って，厚さ5cmの小マットの上で前ころがりをします。ポイントは，両手の次に後頭部をマットに着くこと。これによりまっすぐ回転することができます。後頭部を越えて首の後ろを着いてもOK。これができていればマット3枚くらいまでは，マット1枚とほぼ同じ感覚で回転できます。4〜5枚くらいから後頭部を着くのが難しくなる子が出てくるので，次の「高さ前ころがり2」に進みます。

高さ前ころがり，台上前転

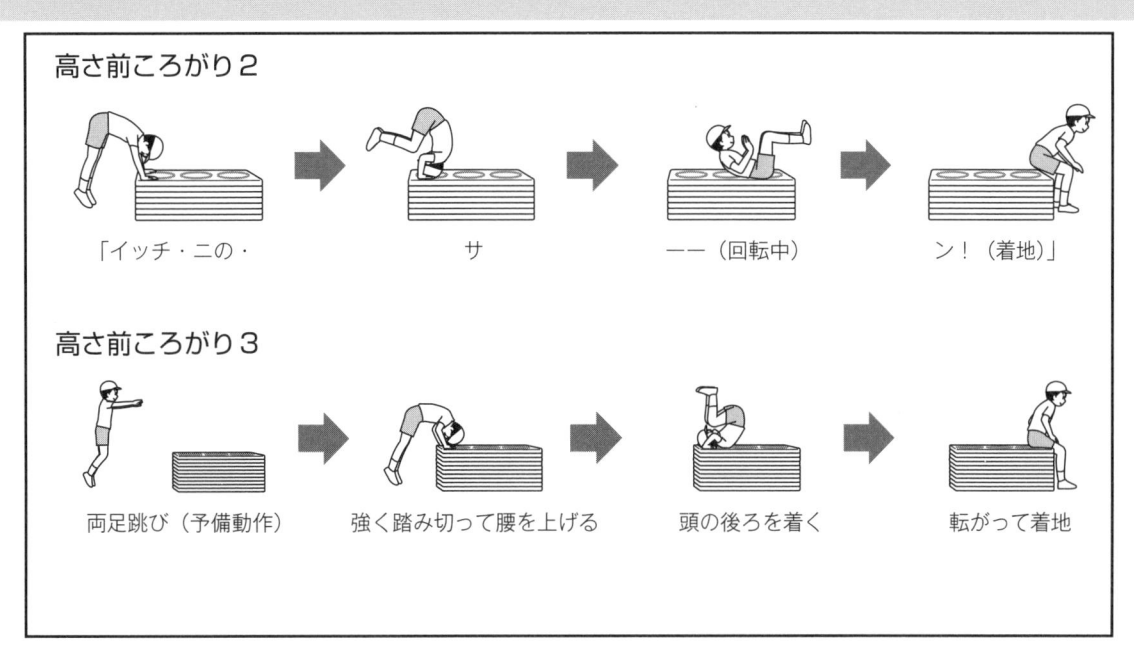

高さ前ころがり２

「イッチ・二の・　　　　　　サ　　　　　—— （回転中）　　　　ン！（着地）」

高さ前ころがり３

両足跳び（予備動作）　　強く踏み切って腰を上げる　　頭の後ろを着く　　　　転がって着地

02 高さ前ころがり２（4〜7枚）

高いマットに後頭部を着くには，両手を着いた姿勢で強く踏み切って腰を高く上げる必要があります。強い踏み切りをするために，弱い予備踏み切りを２回行います。

具体的な手順は以下の通りです。

①マットに両手を着いた姿勢で構える

②口伴走の「イッチ・二の・サーーン！」のうちの，「イッチ・二の」で予備踏み切りを２回行う

③「サーーン！」で強く踏み切って，後頭部から首の後ろを着いて転がる

腰を高く上げるには，両足踏み切りが適していますので，予備踏み切り，本踏み切りともに両足に前後差が出ないように気をつけさせます。

高さ前ころがり２で４〜５枚くらいになってくると，踏み切りで腰を上げて後頭部を着いた後，前方向へのエネルギーが弱くて，つぶれたような回転になる子が出てきます。さらに強い踏み切りと，前ころがりに必要な前方向へのエネルギーを得るために高さ前ころがり３に進みます。

03 高さ前ころがり３（7〜10枚）

重ねたマットの手前２ｍ程度の位置から両足跳びを行い，これを予備動作とします。この予備動作の利点は以下の３点です。

①両足踏み切りを意識づけ，できるようにしていく

②両手を前に構えて両足跳びをすることで，肩幅程度の幅で着手するイメージをもちやすい

③体が前方向への移動エネルギーをもつことで，腰を上げた後につぶれずにスムーズに回転できる

逆さ感覚

回転感覚

腕支持感覚

体の締めの感覚

手足の協調

潜る・浮く，水中での息つぎ

振動感覚

ボールの投補

相手のいないところをみつける

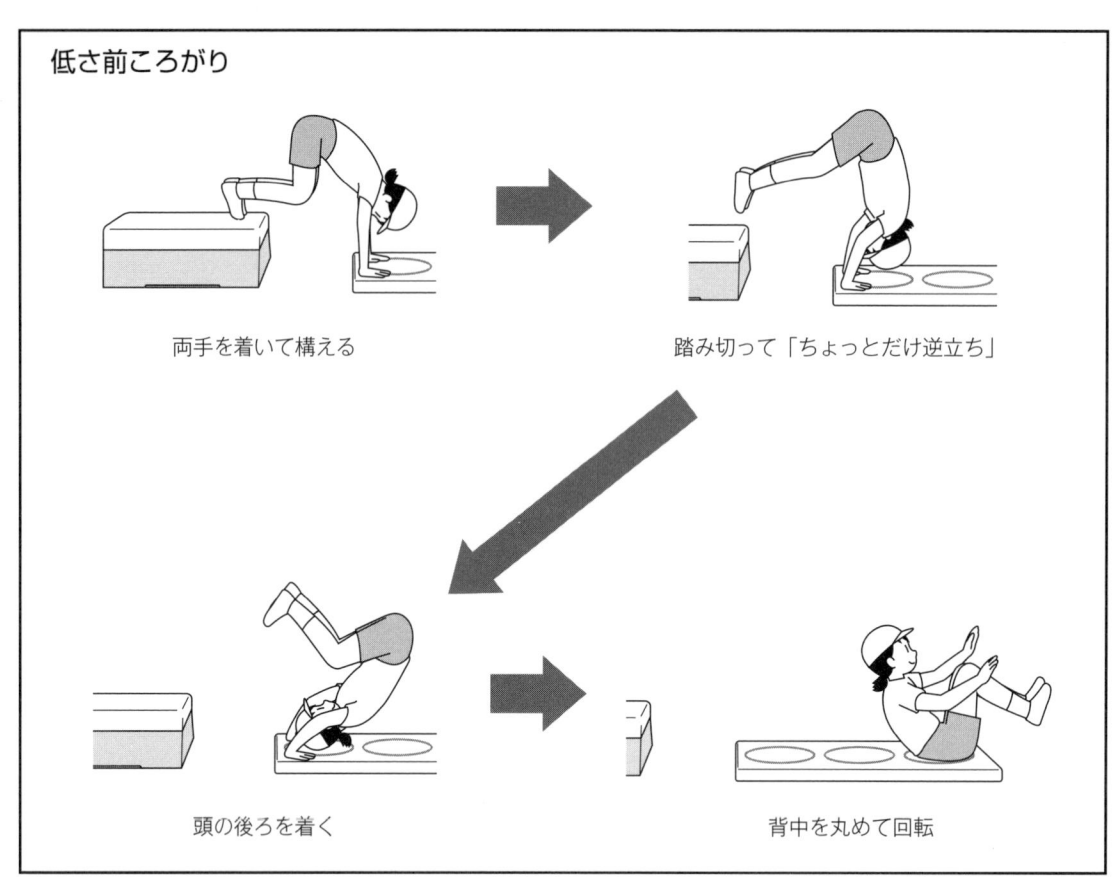

低さ前ころがり

両手を着いて構える

踏み切って「ちょっとだけ逆立ち」

頭の後ろを着く

背中を丸めて回転

両足踏み切りにつなげたいので，両足跳びの際に左右の足が大きくずれないように気をつけさせます。

小マットを10枚重ねると50cmの高さになります。これは，小学生用跳び箱3段と同じ高さです。小マット10枚の高さ前ころがりができていれば，跳び箱3段の台上前転を成功させる基礎感覚・技能は身についているといってよいでしょう。同じ高さでも跳び箱の台上よりも大きく柔らかい小マットで前ころがりを行うことで，恐怖心を抱かずに，両足跳びから強く踏み切って勢いよく転がることができます。回転が速い方がまっすぐ進みやすいのは，自転車と同じです。はじめから跳び箱の上で，怖々転がる練習をするよりも，恐怖心を抱きにくいマットの上で勢いよく転がる

経験を積む方が，回転感覚を高めるのには有効であるといえます。

小マットの枚数が増えてくると，後頭部ではなく頭頂部をマットに着いてしまう子が出てきます。次ページの台上前転と同じ補助で後頭部が着くようにしていきます。

04 低さ前ころがり

これまでとは反対に，踏み切りよりも低い位置に着手して転がるので，低さ前ころがりです。

ポイントは高さ前ころがりと同様の，後頭部から首の後ろをマットに着くことに加えてもう1点，後頭部を着く前に，一瞬，腕支持の逆立ちのような姿勢をつくることが入ります。子どもたちには，「ちょっとだけ逆立ち

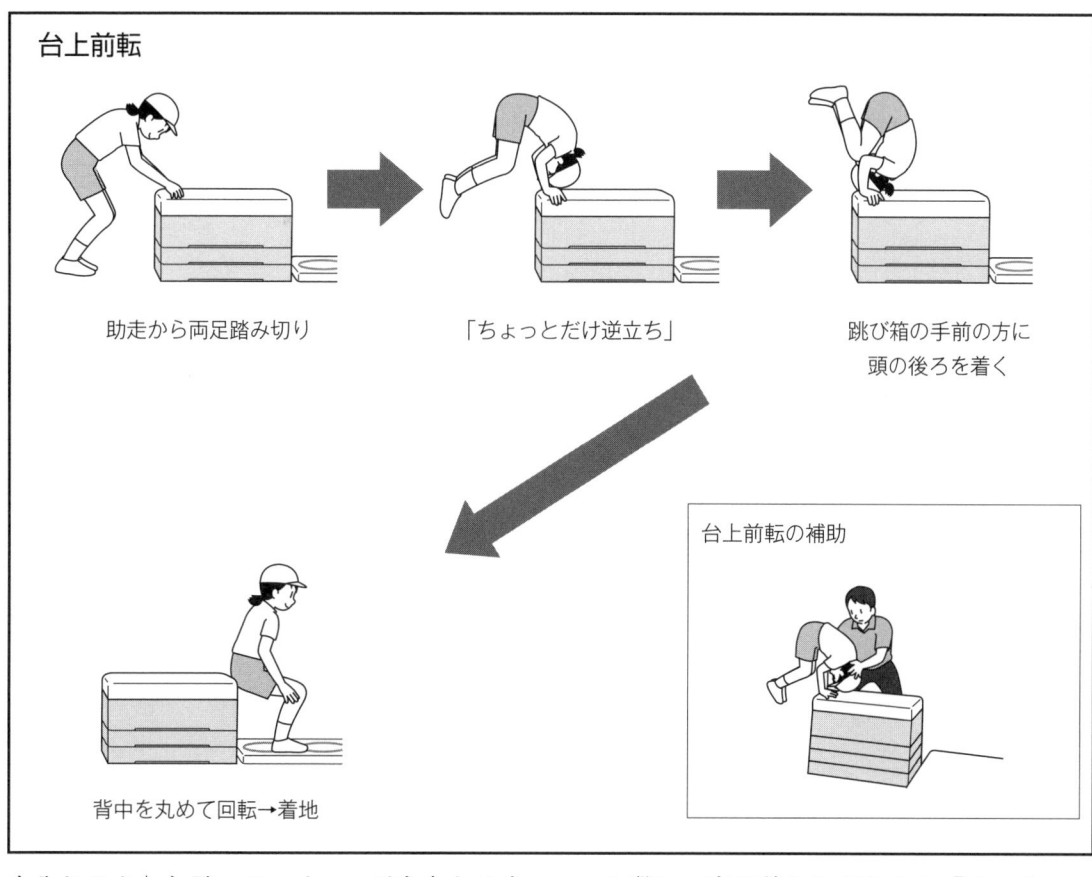

台上前転

助走から両足踏み切り

「ちょっとだけ逆立ち」

跳び箱の手前の方に
頭の後ろを着く

背中を丸めて回転→着地

台上前転の補助

逆さ感覚

回転感覚

腕支持感覚

体の締めの感覚

手足の協調

潜る・浮く・水中での息つぎ

振動感覚

ボールの投捕

相手のいないところをみつける

を入れるよ」と言って，イメージをもたせます。運動の様相から，倒立前転のステップとしても有効な運動であると考えられます。この教材により，台上前転の際に両足で踏み切った後，腰を上げる前に後頭部を跳び箱につけようとする動きを減らすことができます。

05 台上前転

1段（30cm）の跳び箱と小マット6枚を並べて何が違うか問うと，「幅，長さ，固さ」という答えが出ます。「幅」の狭さを克服するためには後頭部を着くこと，「長さ」の違いは後頭部を跳び箱の手前に着くこと，「固さ」はおへそを見て体を丸めることなどで，それぞれ克服できることを確認して，台上前転に取り組みます。

1段は，高さ前ころがり2の「イッチ・ニの・サーーン！」のリズムで踏み切って行うのがよいでしょう。ちょっとだけ逆立ちして後頭部をつけるのがポイントです。

2段以上は両足跳びか，2～3mのごく短い助走から台上前転を行います。ポイントは，やはりちょっとだけ逆立ちして後頭部をつけることです。助走をすると踏み切りで左右の足に前後差が出ることがあるので，両足が揃うように気をつけさせます。これにより，ちょっとだけ逆立ちのポイントをクリアしやすくなります。

以上のようなステップを踏むことで，大きな障壁なく台上前転に取り組めます。経験上，開脚跳びよりも達成率は高いといえます。

回転感覚

山崎　和人

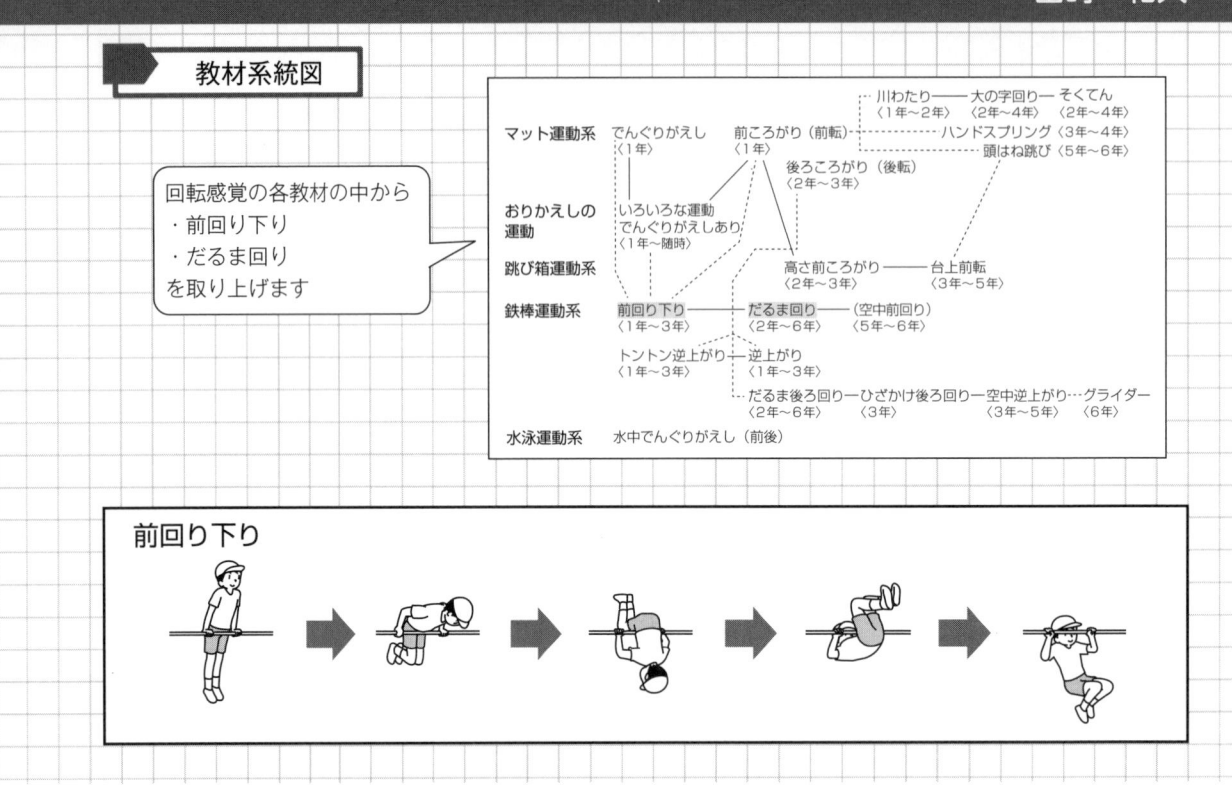

鉄棒運動の回転感覚を高める運動を紹介します。鉄棒運動は上がり技，回転技，下り技の３種類に大別できますが，回転技を中心に扱うことで，系統を考えやすくなります。

01　前回り下り

　鉄棒に跳び上がり，腕支持をした状態から頭を前方に落とし込んで回転し，鉄棒を握ったまま両足で着地します。前回り下りは下り技に分類されます。そのため，下り技として精度を高めるために音を立てないようにゆっくりと着地することや，鉄棒の真下辺りに着地することを目指します。

　ですが，今回は前回り下りで回転感覚を養うことを目的として取り扱います。４人チームの対抗戦でリレーを行ったり，10秒で何回できたかを競ったりすることでたくさん前回り下りを経験させます。また，リレー形式で行うときも「○回やったら次の人と交代」とすることで前回り下りをたくさん経験することができます。さらに，十分に前回り下りができるようになったら，授業開始の前に「前回り下りを○回やったら集合」とすることで，異なる領域の授業であっても回転感覚を忘れることなく，継続して身につけさせることができます。前回り下りのつまずきとして，頭を前方に落とし込むことを怖がる子が考えられます。そのようなときには，教師が横から腰を持ち，「先生は，絶対離さないから，鉄棒をしっかり握ってて」と声をかけながらゆっくりと回していきます。低学年から扱うことで補助もしやすく，感覚も高まりやすくなります。

前回り下り，だるま回り

ふとんほしからだるま回りの姿勢

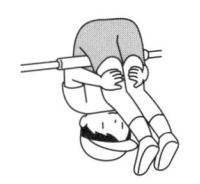 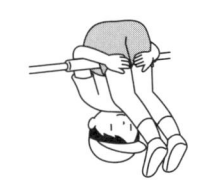 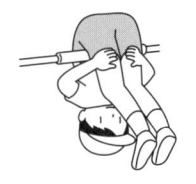

○ 鉄棒の下から脚を持ち　　×鉄棒の上から脚を持っているため　　×肘を鉄棒につけていない
　　肘を鉄棒につけている　　　落下の危険がある

だるま回り（前）のお手伝い

---

02 だるま回り

　だるま回りは，回転感覚を養うのに最適な教材です。また，系統的に指導をすることで，多くの児童ができるようになります。

①ふとんほしで揺れてみよう

　肘をしっかりと鉄棒や回転補助具につけ，両脚の腿を持ちます。膝の曲げ伸ばしをすることで振動を大きくしていきます。鉄棒から下りるときは，鉄棒をしっかりと握って前回り下りで下ります。だるま回りの単元では，前回り下りで下りることになるので，この段階でしっかりと押さえておきます。班などの複数の人数で活動させ，お互いに落下しないように脚を持つことができているかを確認させるとよいでしょう。脚を振って，頭が鉄棒の高さまで上がってくることを目標に取り組

ませましょう。

②お手伝いで回転してみよう

　両脇から子ども同士のお手伝いで回転します。お手伝いは，鉄棒の下から肩や背中を押さえてゆっくりと持ち上げていきます。はじめのうちは，ゆっくりと1回転させることを課題として取り組ませます。慣れてきたら回数を少しずつ増やしますが，回転感覚が十分に養われていないと回転途中で怖くなり，手を離して落下してしまうことがあります。ですので，回数を増やすときには全員がお手伝いで1回を回ることに3回成功したら行うなど，十分に配慮することが必要です。また，お手伝いで連続回転に挑戦させるときも，回転する回数をあらかじめ決めておくことや，回転中に止めてと言ったら止めるようにするという約束を作るとよいでしょう。

逆さ感覚　回転感覚　腕支持感覚　体の締めの感覚　手足の協調　潜る・浮く・水中での息つぎ　振動感覚　ボールの投補　相手のいないところをみつける

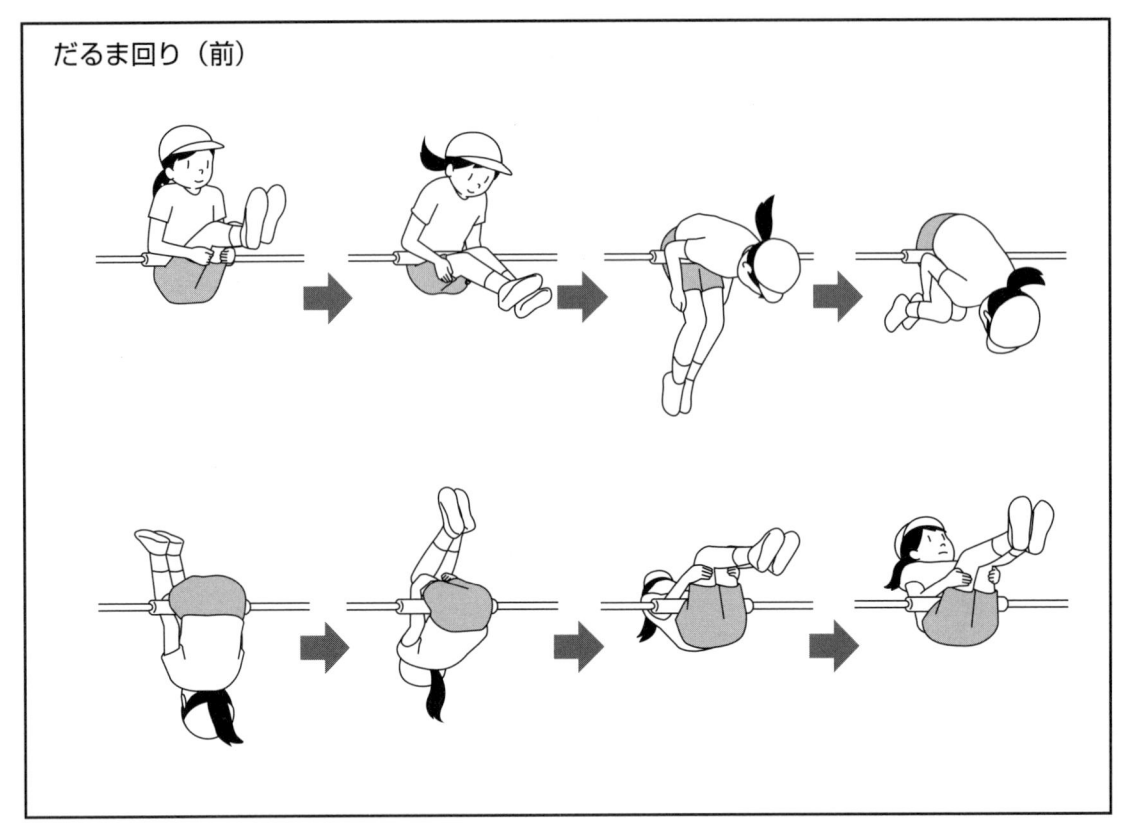

だるま回り（前）

③1人で回ってみよう

　お手伝いで複数回を回ることができるようになってくると，クラスの数名は1人で回り始めることがあります。子どもたちの感覚が高まってきているときには，そのような子を手本として運動をイメージさせ，1人で回ることに挑戦させます。

　運動の行い方ははじめに，ふとんほしになった状態から脚の曲げ伸ばしをして，体の振動を大きくしていきます。その後，頭が上がってきたときに，お腹に力を入れて体を締めて回転します。脚の曲げ伸ばしは，周りの子が「伸ばしてー，曲げて」と繰り返し伝えながら取り組みます。また，脚の曲げ伸ばしが不十分な子やタイミングがつかめない子に対しては，教師が背中と脚を持って，直接補助をします。回転する感覚をつかめない子に対

しては子ども同士のお手伝いを継続します。そのときは，はじめの1回転をお手伝いにして，それ以降は自力で回転するように取り組ませるとよいでしょう。脚の曲げ伸ばしを継続することで連続回転することができます。運動に慣れてきたら連続回転を課題として扱うとよいでしょう。

④後ろに回ってみよう

　だるま回りの前回りができるようになってきたら，後ろ回りにも挑戦させましょう。後ろ回りは，後方ひざかけ回転や後方支持回転へとつながる運動になります。後方への回転感覚が養われていると，これらの運動にスムーズに接続することができます。

　はじめは，お手伝いをした状態から始めます。お手伝いは試技者の背中側に立ち，腰を持ち上げるようにしましょう。肩を持ち上げ

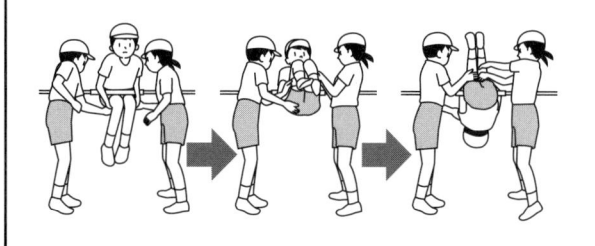

だるま回り（後ろ）のお手伝い

アレンジ

片足だるま　　クロスだるま

だるま回り（後ろ）

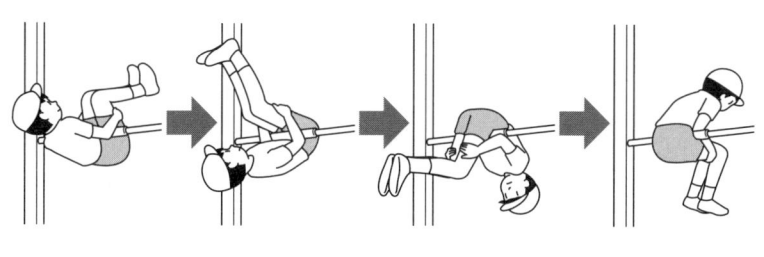

だんごむし

ると脚から手が離れてしまうので，注意が必要です。お手伝いは，前回りのときと同じように連続で回る回数を少しずつ増やしていきます。1人で回るときには，頭が鉄棒を越えたら脚を伸ばすようにします。周りの子が「曲げてー，けとばす」と繰り返し伝えながら取り組みます。前回りと同様に，慣れてきたら連続回転を課題として取り組ませましょう。

⑤いろいろなだるま回り

　だるま回りのアレンジになります。脚の持ち方を変えたり，回転の途中で回転方向を変えたりして取り組みます。

・片足だるま

　左右どちらか一方の脚を持って，回転をします。回転の途中で，持つ脚を変えることもできます。押さえていない方の脚もバランスよく動かすことが大切になります。

・クロスだるま

　手を腿と腿の間でクロスさせ，右手で左脚を，左手で右脚を持って回転します。

・スイッチ

　回転の途中で，前回りと後ろ回りを切り替える技です。回転の勢いを自在にコントロールすることが大切になります。

　これらのアレンジを組み合わせて発表会をすることもできます。ただし，前回りと後ろ回りができていることが前提条件となります。全員が習得を目指すというよりは，できている子の発展という扱いにするとよいでしょう。

　だるま回りは，回転感覚を養うのに最適な教材ですが，1人で回転できるようになるためには回転後半で，体を締めることが大切になってきます。ですので，73ページのだんごむしという教材も同時に扱うとよいでしょう。

回転感覚

眞榮里　耕太

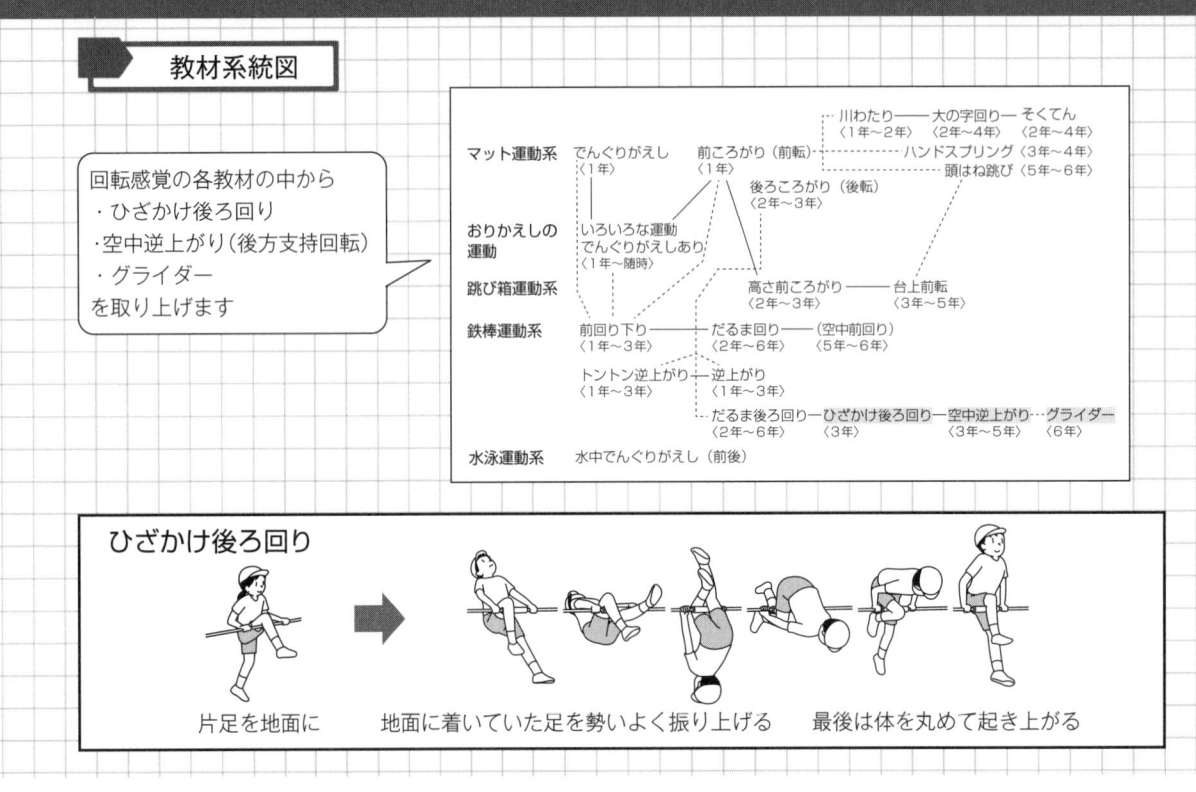

回転感覚の各教材の中から
・ひざかけ後ろ回り
・空中逆上がり（後方支持回転）
・グライダー
を取り上げます

マット運動系	でんぐりがえし〈1年〉	前ころがり（前転）〈1年〉	川わたり〈1年～2年〉 大の字回り〈2年～4年〉 そくてん〈2年～4年〉	
			後ろころがり（後転）〈2年～3年〉	ハンドスプリング〈3年～4年〉
おりかえしの運動	いろいろな運動でんぐりがえしあり〈1年～随時〉			頭はね跳び〈5年～6年〉
跳び箱運動系		高さ前ころがり〈2年～3年〉	台上前転〈3年～5年〉	
鉄棒運動系	前回り下り〈1年～3年〉	だるま回り〈2年～6年〉	（空中前回り）〈5年～6年〉	
	トントン逆上がり〈1年～3年〉 逆上がり〈1年～3年〉			
	だるま後ろ回り〈2年～6年〉 ひざかけ後ろ回り〈3年〉 空中逆上がり〈3年～5年〉 グライダー〈6年〉			
水泳運動系	水中でんぐりがえし（前後）			

ひざかけ後ろ回り

片足を地面に　　地面に着いていた足を勢いよく振り上げる　　最後は体を丸めて起き上がる

鉄棒運動で回転感覚を身につけ，高める運動です。鉄棒運動の回転技は，回転軸を固定しやすいので，続けて回転することができます。そのため子どもたちが回転感覚を身につけ，高めていきやすい運動と考えています。

01　ひざかけ後ろ回り

鉄棒に片膝をかけて体を回転させる運動です。だるま回りのように続けて何度も回転することはできませんが，よりダイナミックに体を回転させることができる運動です。また，鉄棒にかける足を変えたり，回転の方向を変えたりすることができ，バリエーションを増やすこともできる運動です。この運動は，鉄棒にかけていない足を勢いよく振り上げることで回転の勢いを生み出すことができます。鉄

棒にかけている膝の裏で鉄棒を挟み，振り上げた足の太腿の前方を鉄棒に押し当てることで回転軸を固定し，回転することができます。

回転の前半は肘や背筋を伸ばして後方に勢いよく倒れ込みます。回転の後半は肘を曲げ，体を丸め，回転半径を小さくすることで鉄棒の上に上がりやすくなります。

お手伝いの方法は，運動をする子と鉄棒を挟んで反対側に立ちます。鉄棒の下から体が上がってきたら肩を両手で持ち上げます。

つまずきのパターンとしては，回転の勢いが十分であっても，鉄棒を強く握りすぎることによって回転の勢いが止まってしまうことがあります。このような場合には仲間のお手伝いを受けて，成功する手の使い方（手首を回す動き）を体で覚えましょう。

ひざかけ後ろ回り，空中逆上がり（後方支持回転），グライダー

ひざかけ回りのバリエーション

①鉄棒の上から始める

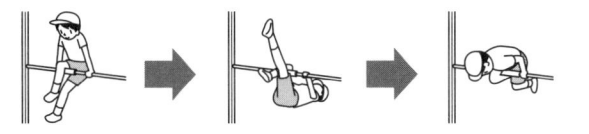

はじめは太腿で乗る　　　　膝の裏にかけかえて回転

お手伝い

③回転方向を変える（前方回転）

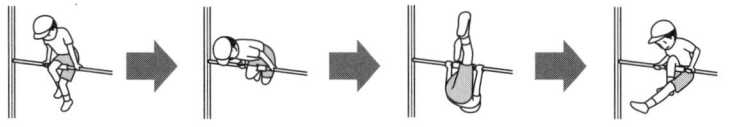

逆手で握る　　　前方に倒れるように　　　　最後は体を丸める

02 ひざかけ回りのバリエーション

①鉄棒の上から回転を始める（連続回転）

　鉄棒の上に上がった姿勢（鉄棒に太腿裏で乗っている状態）から回転を始めます。動きのポイントは，鉄棒にかけていない足を振って回転の勢いをつくることです。鉄棒にかけている膝の裏と反対の足の太腿の前方で鉄棒を挟み，回転軸を固定させます。

　「いーち，にーの，さーん」のリズムで足を前後に振ります。「さーん」に合わせて回転を始めるときに，膝の裏に鉄棒がかかるように体を移動させます。この移動ができないと回転軸を固定することができないので，回転することが難しいです。

　続けて回転する場合は，回転して鉄棒の上に上がってきたときに背筋を伸ばして体勢を整え，再び背中の方向に倒れて勢いをつけ直す必要があります。この動きを繰り返すことで続けて回転することができます。

②鉄棒にかける足を変える

　鉄棒にかける足を変えてみましょう。動きのポイントは，これまでと同様です。

　普段使い慣れていない足を鉄棒にかけるので，力の入れ具合やタイミングを調整する必要があります。子どもたちの中には，左右の違いによって得意不得意がありますが，左右どちらを鉄棒にかけても回転できるように体のバランスを整えましょう。

③回転方向を変える

　回転する方向を後方から前方に変えることが可能です。地面に足を着かずにはじめの姿勢に戻ることができたら成功です。

　動きのポイントは，はじめから足で鉄棒を挟んで回転軸を固定させることです。逆手で鉄棒を握っていると起き上がりやすくなります。胸を張って姿勢を伸ばした状態で前方に倒れ込みます。頭が鉄棒の下を通過したくらいで体を丸め，肘を曲げて鉄棒の上に上がるようにしましょう。

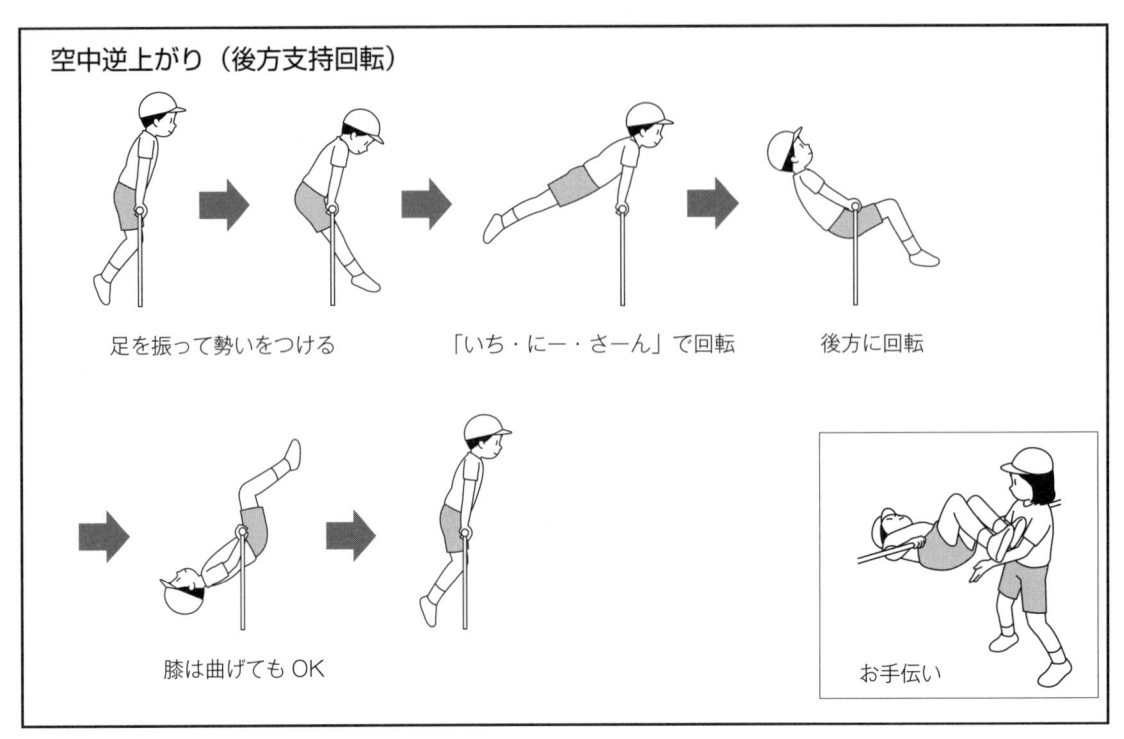

空中逆上がり（後方支持回転）

足を振って勢いをつける 　「いち・にー・さーん」で回転 　後方に回転

膝は曲げても OK

お手伝い

03 空中逆上がり（後方支持回転）

　後方支持回転は，「空中逆上がり」と子どもたちから呼ばれ，よく知られた回転技の一つです。

　つばめの姿勢から足を前後に大きく振り，回転の勢いをつくります。お腹が鉄棒につくタイミングに合わせて上半身を後方に倒し，足を上げて鉄棒を中心にして体を後方に回転させます。お手伝いをしてもらうことや膝を曲げて鉄棒にかけることができれば容易に成功させることができます。

　はじめは，回転の勢いをつくる動作の練習からスタートです。足を大きく振って鉄棒を押して後方へ飛び出します。足を振り上げたときに足が鉄棒より高く上がることや腰が鉄棒から離れて浮き上がること，足を振り下ろしたときにお腹（おへその下）が鉄棒に当たることを確認します。

　次にお手伝いの方法です。鉄棒を挟んで反対側に立ちます。鉄棒の下から両手を出して回転する子の腰を持ち上げ，回転させます。お腹が鉄棒から離れないように持ち上げてあげることがポイントです。

　お手伝いで回転できるようになったら1人で回ってみます。大きく足を振ることとお腹を鉄棒に押し当てるタイミングで後方に倒れ込むことを確認します。

　1人で回転できるようになったら技を発展させます。足を振る回数を3回から2回，1回へと減らします。足振りの大きさを意識させます。また，連続で回転にも挑戦します。回転中は膝を曲げた姿勢のまま続けて回ります。はじめの勢いをうまく使えるようにしましょう。その他には，回転するときに膝を伸ばした姿勢やお腹を鉄棒につけないで回転する方法に挑戦してみましょう。

グライダー

鉄棒の上からのグライダー

上に乗る　　　　　お尻が鉄棒の下を過ぎる　　前方に飛び出す　　　　　お手伝い
　　　　　　　　　まで足の裏をつける

地面からのグライダー

地面に片足をつける　　反対の足を上げて鉄棒につける

04　グライダー

　グライダーは，両手で鉄棒を握り，鉄棒に足の裏をかけ，遠心力を使って前方に飛び出す運動です。

　この技は，鉄棒の下り技に分類されますが，動きを成功させるためには，後方への回転感覚が必要なため，回転感覚の運動として位置づけています。

　動きのポイントとしては，足の裏を鉄棒に押し当てることで回転の軸を固定します。鉄棒を中心にして，お尻で大きな円を描くように回転し，体が前方に振れたタイミングで足，手の順番に鉄棒から離すことで前方へ飛び出すことができます。

　まずは，鉄棒よりも前方で着地することを目指します。この動きに慣れてきたら，飛ぶ距離を伸ばしたり，「ふわっ」と滞空時間を

長くしてみたり，連続技に取り組んでみたりするなど発展させることができます。

　つまずきとしては，足の裏が鉄棒に接している時間が短いことが挙げられます。この場合は，鉄棒よりも後方で着地してしまうことが多いです。原因として，後方への回転に耐えられないので恐怖心から足を離してしまいます。

　動きを身につけるステップとしては，地面に片足を着いた姿勢で片足だけ鉄棒にかけます。ふりこ運動のように体が振動する感覚を身につけます。慣れてきたらもう一方の足も鉄棒につけるようにします。

　次に上のイラストのように仲間に腰を支えてもらい，前方へ送り出してもらうことで足を離すタイミングを身につけることにつなげます。

腕支持感覚

齋藤　直人

教材系統図

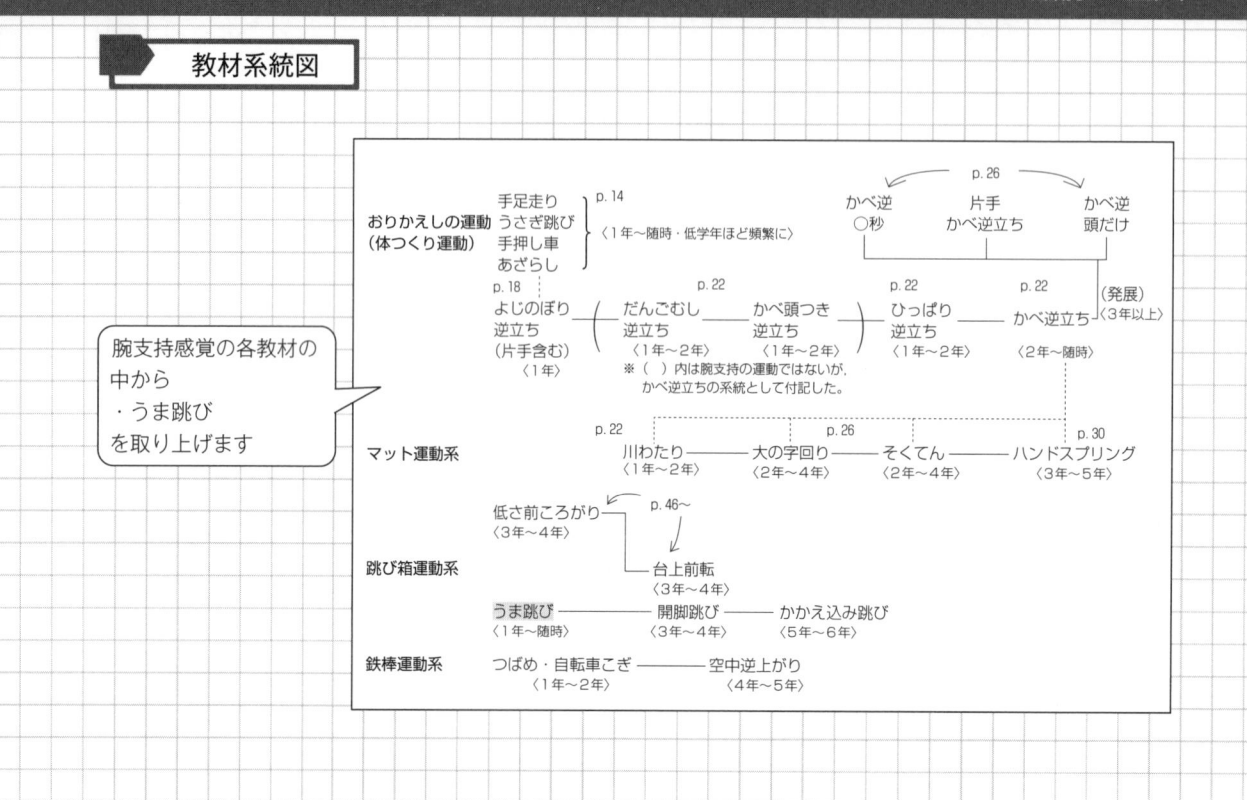

			p.26		
おりかえしの運動 （体つくり運動）	手足走り うさぎ跳び 手押し車 あざらし	p.14 〈1年～随時・低学年ほど頻繁に〉	かべ逆 ○秒	片手 かべ逆立ち	かべ逆 頭だけ

よじのぼり　p.18　だんごむし　p.22　かべ頭つき　p.22　ひっぱり　p.22　かべ逆立ち　p.22
逆立ち　　　　逆立ち　　　　逆立ち　　　　逆立ち
（片手含む）　〈1年～2年〉　〈1年～2年〉　〈1年～2年〉　〈2年～随時〉
〈1年〉　　　※（　）内は腕支持の運動ではないが，
　　　　　　　　かべ逆立ちの系統として付記した。

（発展）
〈3年以上〉

マット運動系　　川わたり　p.22　──　大の字回り　p.26　──　そくてん　──　ハンドスプリング　p.30
〈1年～2年〉　　　　〈2年～4年〉　　　　〈2年～4年〉　　　　〈3年～5年〉

跳び箱運動系　低さ前ころがり　p.46～
〈3年～4年〉
台上前転
〈3年～4年〉

うま跳び　──　開脚跳び　──　かかえ込み跳び
〈1年～随時〉　〈3年～4年〉　〈5年～6年〉

鉄棒運動系　つばめ・自転車こぎ　──　空中逆上がり
〈1年～2年〉　　　　〈4年～5年〉

腕支持感覚の各教材の
中から
・うま跳び
を取り上げます

01 腕支持感覚について

　これまでの逆さ感覚，回転感覚に続いて，本項から紹介するのは，「腕支持感覚」です。これまで紹介してきた感覚と同様に，意図的に運動しなければ，腕支持感覚を高めることはできません。

　ここでいう腕支持感覚は，文字通り自分の腕で体を支える感覚です。特に肘をしっかりと伸ばすことを意識させます。立位でも逆位でも，安定して体を支える感覚を指します。この感覚が高まると手押し車や逆立ち姿勢，鉄棒のつばめなどで，自分の体をしっかりと支えられるようになります。また，うま跳びの馬などを安定してつくることができます。

　上の教材系統図をご覧ください。

　腕支持感覚を高める教材は，マット運動系，跳び箱運動系，鉄棒運動系など主に器械運動に関する領域が中心です。

　また，腕支持感覚を高める運動には逆さに近い姿勢になるものが多くあり，系統図をご覧いただいてわかるように，逆さ感覚を高める運動で紹介した教材と重なるものが多く存在します。

　見方を変えれば，重なる教材は，複数の感覚を高めることのできる非常に万能な教材といえます。限られた授業時数の中で，複数の感覚を高めることのできる教材を意図的に扱うようにすれば，子どもたちの基礎感覚や技能を効率よく高めることができます。

うま跳び

1の馬

2の馬

3の馬

4の馬

02 腕支持感覚を高める運動

本項では腕支持感覚を高める運動として「うま跳び」を中心に紹介していきます。

まずは，うま跳びを4つの段階に分けます。高さの低い馬を1の馬，高い馬を4の馬としています。1の馬であれば，1年生でも取り組むことができます。

①1の馬

手と膝を肩幅で床につけます。その際に，肘をしっかり伸ばします。おへそを見るようにして頭を引っ込めて，背中を平らにします。体の下に四角い箱が入るようなイメージで馬をつくらせましょう。

②2の馬

1の馬と同じように手は肩幅に開きますが，足は肩幅よりもやや広くします。肘と膝に力を入れて，しっかり伸ばします。顎を引いて頭を引っ込めます。なるべく背中を伸ばしましょう。

③3の馬

肩幅よりも足を広げて，しっかり膝を伸ばします。この足の幅が狭いと馬が安定しないので，意識させましょう。肘を伸ばして足首をしっかりつかみます。おへそを見るようにして頭を引っ込めます。

④4の馬

3の馬と同じく，肩幅よりも足を広げます。膝をしっかりとつかみ，肘と膝をピンッとしっかり伸ばします。ここでも，顎を引いて頭を引っ込めましょう。

跳び方については次のページです。

逆さ感覚

回転感覚

腕支持感覚

体の締めの感覚

手足の協調

潜る・浮く，水中での息つぎ

振動感覚

ボールの投補

相手のいないところをみつける

うま跳び

30秒うま跳び

(03) うま跳び

①跳び越える

　うま跳びは2人組で行います。2人組は体格の同じくらいの友達同士でつくるようにしましょう。

　馬の背中の真ん中に，肩幅ぐらいの広さで手を着きます。指をしっかり開いて，パーの形になるように指に力を入れることを意識させます。

②助走は絶対にしない

　膝と肘を曲げて，両足を揃えて踏み切ります。踏み切ったら頭を馬の向こう側（着地する側）へ出すようにします。ここでは，着地する場所をしっかり見ることを意識させましょう。

　馬の背中をしっかりと押して，体重を移動させて着地に向かいます。手を離すタイミングが早すぎないように，最後まで馬の背中を押すように声をかけます。

　慣れてきたり，馬の高さが高くなったりすると助走をして跳びたくなる子がいます。これは絶対にやってはいけません。助走をつけると，踏み切る力が強くなりすぎ，馬に必要以上の強い力が加わって，馬が崩れて倒れます。跳ぶ子も馬の子も重大なけがにつながります。

③30秒うま跳び

　30秒間に何回跳び越えることができるかにチャレンジする運動です。

　一度跳び越えたら，すぐに向きを変えて跳び続けます。高さは1〜4の馬の中で一番跳びやすい高さを選ばせましょう。

　1年生から取り組める教材です。

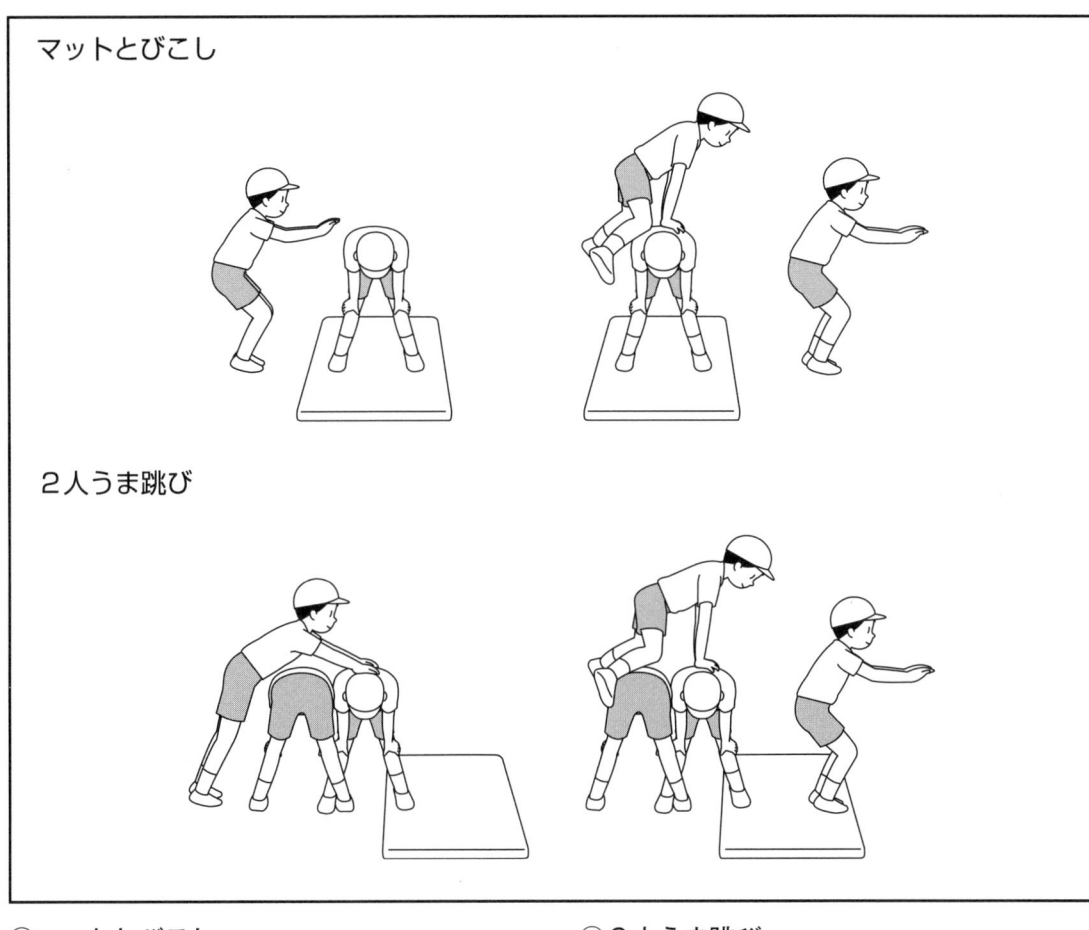

マットとびこし

２人うま跳び

④マットとびこし

30秒うま跳びがスムーズに跳べるようになってから取り組む発展的な教材です。

ロングマットを横に使います。マットの真ん中に馬をつくります。マットの外から踏み切り，馬を跳び越します。

着地までの距離を少しずつ遠くにすることを意識しながら取り組みます。最終的には，マットの外から踏み切り，マットを越えて着地できることを目指します。

着地方向にもう１枚小マットを置いて，段差をなくせば，より安全に取り組むことができます。また，最初は馬を真ん中ではなく，踏み切り位置に寄せれば，跳びやすくなります。もちろん，助走は禁止です。

⑤２人うま跳び

２人の馬を並べて，跳び越えます。跳び箱と同じぐらいの大きさの馬になります。

馬は頭の位置が互い違いになるように並んでつくります。跳ぶ側から見て，奥の方の馬の子が片足でマットを踏み，マットがずれないようにします。

また，手を着いていいのは奥側の馬の背中だけです。手前の馬に手を着くと奥の馬に引っかかり，頭から落下する可能性があるので注意しましょう。また，奥の馬よりも手前の馬は必ず低くしましょう。

助走はせずに力強く踏み切り，奥の馬にしっかりと手を着き，膝を上手に使って着地することを意識させましょう。

腕支持感覚

平川　譲

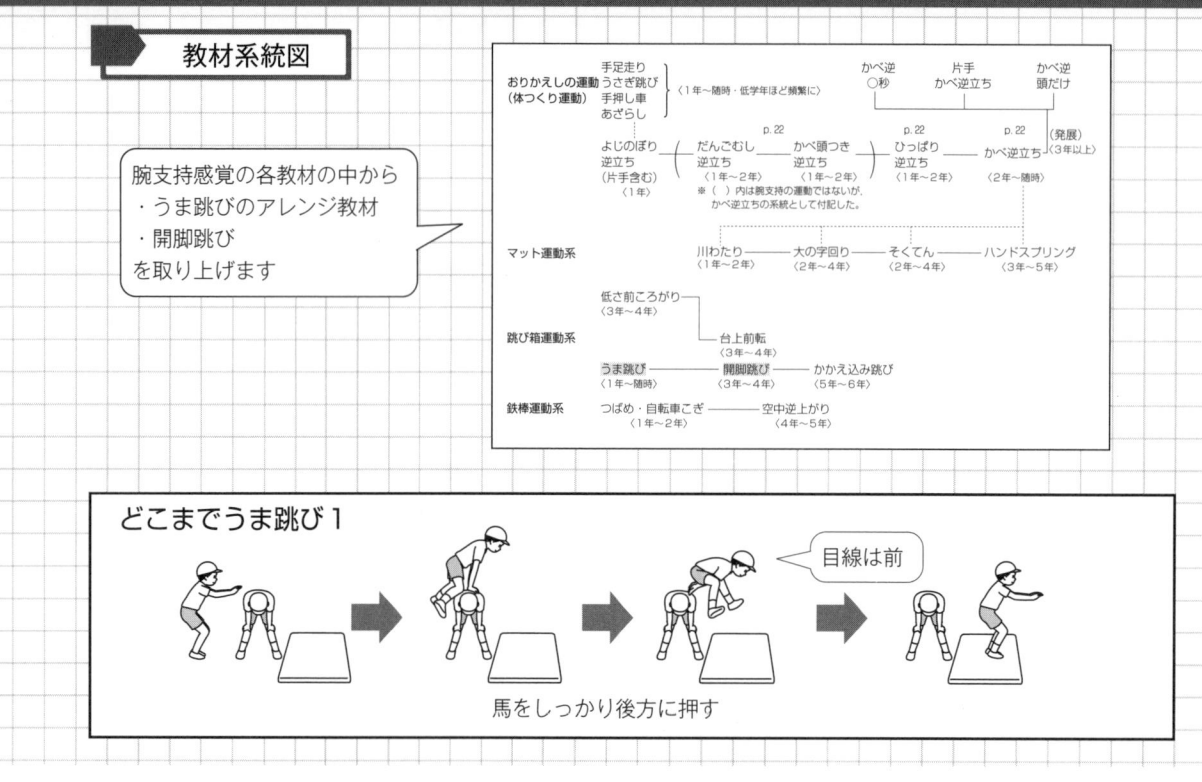

教材系統図

腕支持感覚の各教材の中から
・うま跳びのアレンジ教材
・開脚跳び
を取り上げます

おりかえしの運動（体つくり運動）
手足走り　うさぎ跳び　手押し車　あざらし
〈1年〜随時・低学年ほど頻繁に〉

かべ逆○秒　片手かべ逆立ち　かべ逆頭だけ

よじのぼり逆立ち（片手含む）〈1年〉　だんごむし逆立ち〈1年〜2年〉　かべ頭つき逆立ち〈1年〜2年〉　ひっぱり逆立ち〈1年〜2年〉　かべ逆立ち〈2年〜随時〉　（発展）〈3年以上〉

p.22　p.22　p.22

※（　）内は腕支持の運動ではないが，かべ逆立ちの系統として付記した。

マット運動系　川わたり〈1年〜2年〉　大の字回り〈2年〜4年〉　そくてん〈2年〜4年〉　ハンドスプリング〈3年〜5年〉

跳び箱運動系　低さ前ころがり〈3年〜4年〉　台上前転〈3年〜4年〉

うま跳び〈1年〜随時〉　開脚跳び〈3年〜4年〉　かかえ込み跳び〈5年〜6年〉

鉄棒運動系　つばめ・自転車こぎ〈1年〜2年〉　空中逆上がり〈4年〜5年〉

どこまでうま跳び1

目線は前

馬をしっかり後方に押す

01　どこまでうま跳び

前項の「マットとびこし」や「2人うま跳び」と同じねらいの教材です。馬を跳び越した後に，「どこまで遠くに着地できるか」を課題にするので「どこまでうま跳び」と呼んでいます。馬の高さは，前項で紹介した2〜4の馬の中から，自分に合った高さを選択します。これは，「どこまでうま跳び2」でも同じです。本校では，主に3年生から4年生で取り組む教材です。

ロングマットを横に使うと，縫い目を目安に得点化できます。本校のロングマットは幅120cmで，マットの端から1本目までの距離が12〜13cm，縫い目の間隔が19cmでした。着地で1本目を踏めたら10点。以降2本目20点，

3本目30点……となります。縫い目は6本あります。稀にマットを越えて床に着地する子がいます。この場合は100点としています。

この運動のポイントは，馬に着いた手で，馬を自分の後方に押すことです。これを実践するには1の馬では低すぎて，体がつんのめってしまい危険です。このことから，2以上の馬が跳べていることが実施の条件になります。両手で自分の体を支えた後に馬を後方に押すので，腕支持感覚および逆さ感覚を高めておかないと難しく感じてしまいます。この馬を自分の後ろに押す感覚は，跳び箱運動の開脚跳びでも重要なポイントになります。一般的には「突き放し」といわれることが多い運動ですが，開脚跳びでは，跳び箱をお尻の後ろに「押す」という感覚が合っているように

うま跳びのアレンジ教材，開脚跳び

どこまでうま跳び2

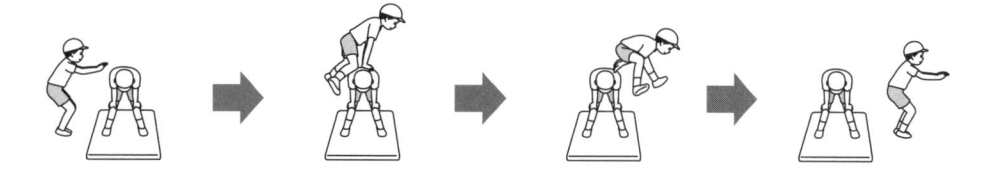

床から踏み切る　　　　　　　馬をしっかり押して，前を見る

どこまでうま跳び2（バンザイから）

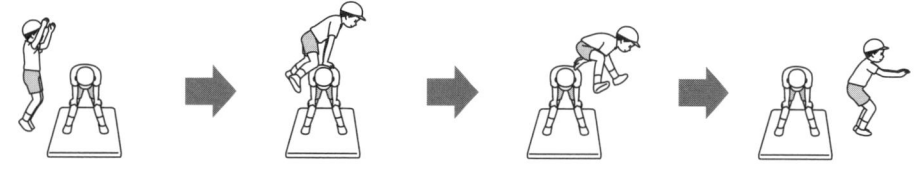

バンザイの姿勢で　　　　　踏み切って，馬に着手
小さく2回予備踏み切り

思います。馬を押しますので，押された馬が頑丈であることが安全と成功の条件となります。

遠くに着地しようとする意識が強くなりすぎて転倒しないように，足の裏以外がマットや床に着いたらアウト（ずっこけアウト）のルールを適用しておきます。前につんのめらないためのポイントは，目線を高く保っておくことです。「正面の窓を見るように」など，具体物で目線の高さについて指導をしておくとよいでしょう。

筆者は，この「どこまでうま跳び1」で，30点以上をとってほしいと思っています。前項で紹介した「30秒うま跳び」が20回程度跳べていれば，ほぼ達成できる課題だといえます。クラスのほとんどの子が30点以上をとれたら，次の「どこまでうま跳び2」に進みます。

02 どこまでうま跳び2

場の設定は，前項の「マットとびこし」と同じです。馬をマットの上につくり，手前の床から踏み切って，マットの向こう側の床に着地します。「マットとびこし」と違う点は，着地までの距離を床の板目や木釘の列で得点化するところです。子どもたちの着地が安定していない場合には，「マットとびこし」の項で述べているように，着地位置にもマットを敷くとさらに安全です。

「どこまでうま跳び2」は，120cmのロングマットの幅を跳び越して床に着地できれば合格と考えています。ここまでできていれば，小学生用跳び箱3〜4段を開脚跳びで跳び越す力はついているといえます。

逆さ感覚

回転感覚

腕支持感覚

体の締めの感覚

手足の協調

潜る・浮く，水中での息つき

振動感覚

ボールの投捕

相手のいないところをみつける

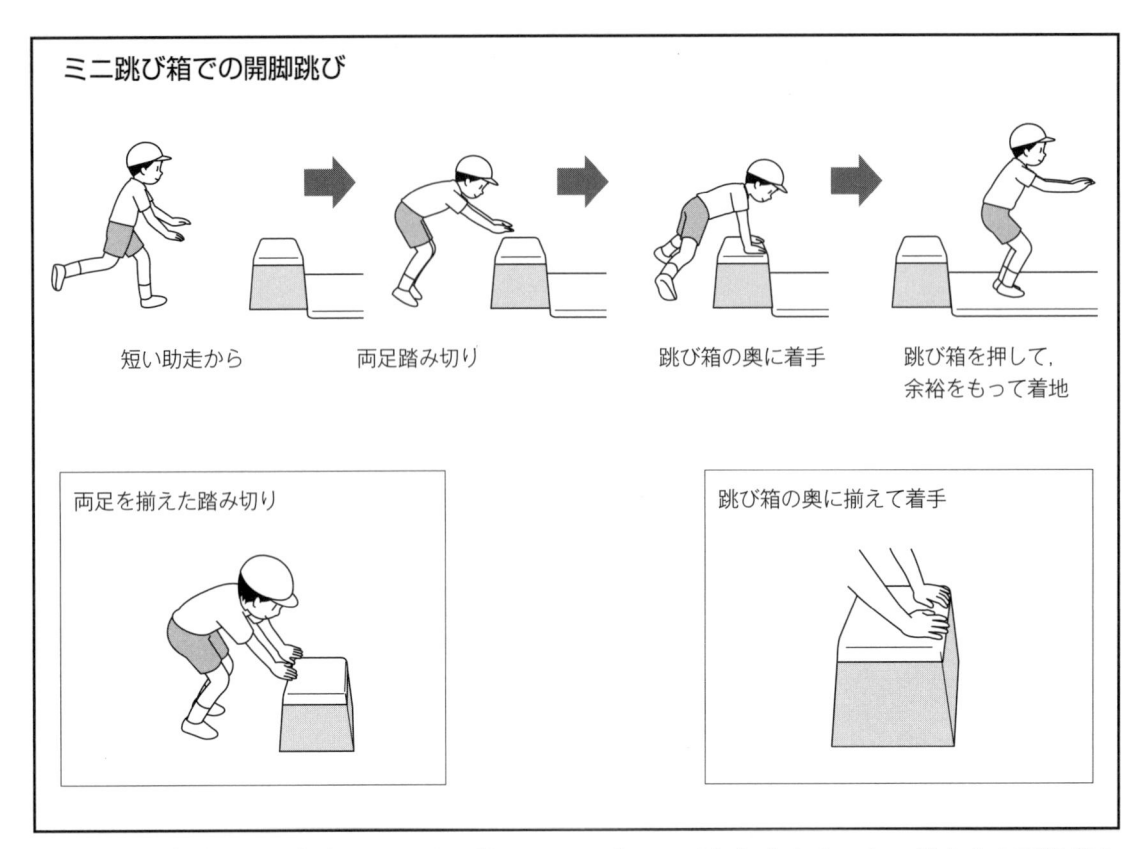

ミニ跳び箱での開脚跳び

短い助走から　　　両足踏み切り　　　跳び箱の奥に着手　　　跳び箱を押して，
余裕をもって着地

両足を揃えた踏み切り

跳び箱の奥に揃えて着手

踏み切りを強めたいときには，その場で2回ほど弱い跳躍をして予備踏み切りとします。繰り返し述べているように，助走はさせません。予備踏み切りの際に，前ページのイラストのようにバンザイのポーズをしておくと，踏み切りから着手までに体を投げ出す局面が生じて，より跳び箱の開脚跳びの感覚に近くなります。両腕に一気に体重がかかることになるので，腕支持感覚が高まっていること，馬が頑丈であることが成功の条件になります。

03　ミニ跳び箱での開脚跳び

前述のように，「どこまでうま跳び2」まで経験している子どもたちには，3～4段の開脚跳びの力はついています。この子達が跳び箱を使っての開脚跳びでつまずくとすれば，跳び箱の「固そう」「痛そう」「長い」という

イメージからくるものと，助走から両足踏み切りの運動が上手につなげられないことが考えられます。

前者は，踏み切りの弱さ，着手位置が手前になってしまう，両手が揃わないという運動パフォーマンスとなって現れます。後者は，踏み切りの足が左右でずれるという現象となります（前者の怖さも影響しますが）。これを克服しないまま，長い跳び箱を跳び越そうとしても失敗を繰り返したり，危険な動きになったりしますので，小さい跳び箱で，跳び箱という用具に慣れる段階を設けます。

本校には，高さ50cmで，上面が35cm四方の正方形のミニ跳び箱があり，筆者はこれを全員に跳ばせます。その際に，以下の3点をポイントとして，合格した子から小学生用跳び箱（長さ80cm）での開脚跳びに取り組ませま

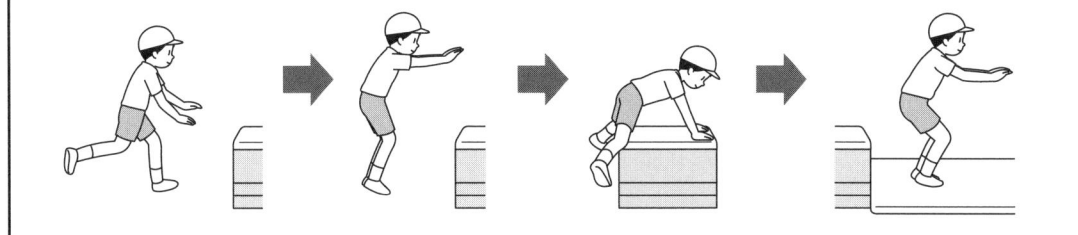

跳び箱での開脚跳び

開脚跳びの補助

> 跳び箱の奥に着手

上腕をつかみ，腿を支える

腿を支えた手で子どもを着地点まで運び，上腕をつかんだ手で，跳びすぎやつんのめりを防ぐ

す。ミニ跳び箱がなければ，幼児用跳び箱（長さ60cm）や，これを横にしての開脚跳びでもよいでしょう。

①２m程度の助走から両足を揃えて踏み切っている

②両手を揃えて跳び箱の奥に着いている

③着地時に，お尻と跳び箱の間に余裕がある

これらは，「どこまでうま跳び２」まで合格していて，跳び箱という用具に恐怖感をもっていなければ，ほぼクリアできる課題です。

小学生用跳び箱に進んだ後に，さらに段数を増やす際にも上の３点を視点に，子ども同士で見合って，合格を出すようにしています。

04 開脚跳びの補助

開脚跳びは着手位置が適切であれば，教師の補助で跳び箱を越えることができます。

着手位置が手前だと，手首の屈曲が大きすぎたり，自分の手の上に座り込んだりして，けがの原因になります。左右の手が揃わない場合も，手前に着いた手が同じ状態になることがあります。この場合は，補助でも跳び越すことはできません。跳び箱上面の奥に着手しやすいミニ跳び箱や，幼児用跳び箱で，しっかり奥に着手できるように練習したり，大きなうさぎ跳びで体を投げ出す感覚を高めたりすることが必要になります。投げ出した体を支える際にも腕支持感覚が大事になります。

逆さ感覚

回転感覚

腕支持感覚

体の締めの感覚

手足の協調

潜る・浮く，水中での息つぎ

振動感覚

ボールの投補

相手のいないところをみつける

腕支持感覚

山崎 和人

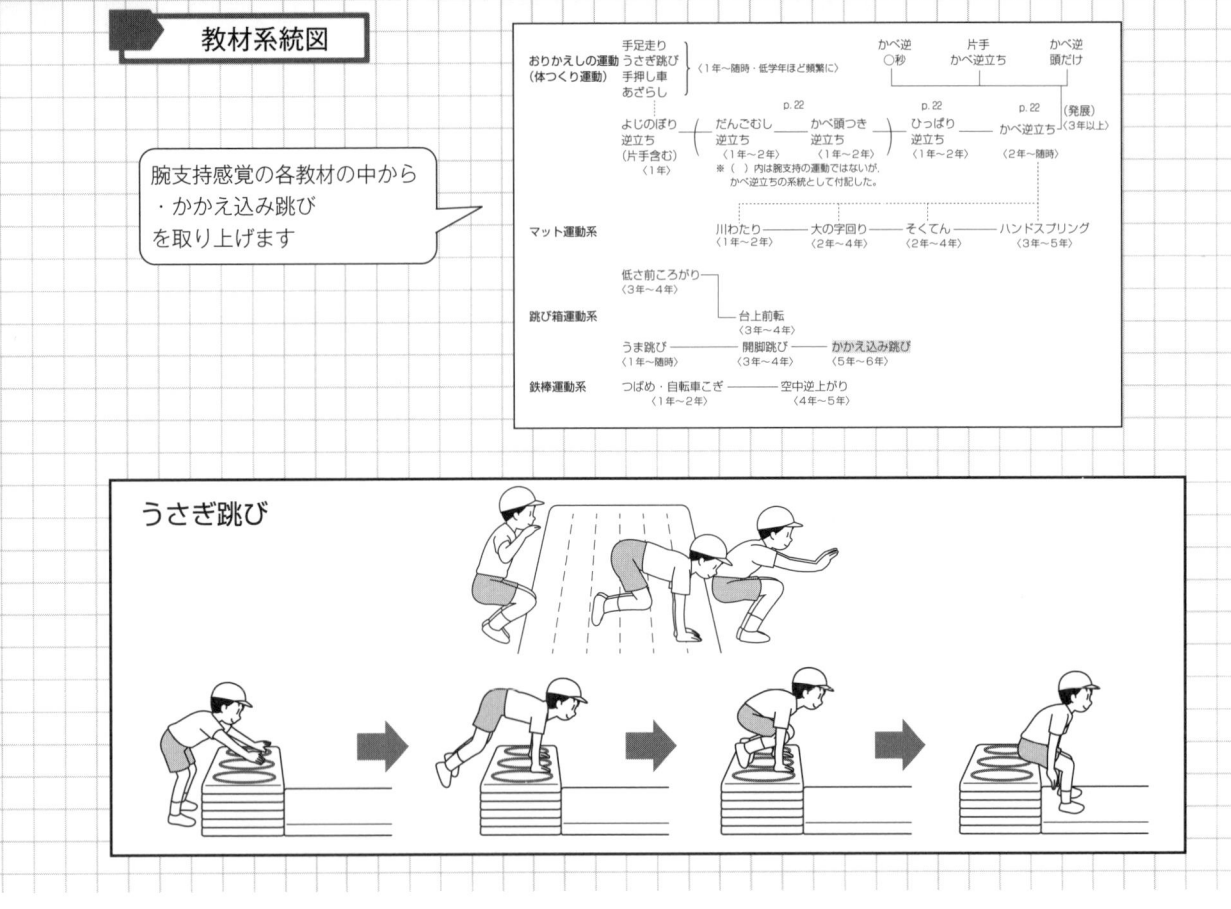

かかえ込み跳びは開脚跳び同様に切り返し系の運動になるため，ここまで紹介してきた腕支持感覚を高める運動を十分に行っておく必要があります。またかかえ込み跳びは，踏み切り後に体を投げ出して遠くに着手をする局面と，着手した後に脚をかかえ込み，脚を抜くように移動させる局面があります。そこで，それらの2つの局面を分けて取り組むことで，感覚を養っていきます。

01 うさぎ跳びでマットを越えよう

横にしたマットをうさぎ跳びで跳び越えます。できるだけ遠くに着手して腕でしっかりとマットを押してかききり，着手したところよりも遠くに足を着くようにします。イラストでは完全にマットの外に着地していますが，縫い目を目標にしてできるだけ遠くに着地できるようにします。また，マットを突き放した後に上半身が正面を向くこともポイントです。突き放した手のひらが正面を向くようにすると上半身が正面を向きます。この運動は，かかえ込み跳びの必須の動きになりますので，単元中は毎時間行うとよいでしょう。

多くの子がマットを越すことができるようになったら，重ねた小マットでかかえ込み跳びをします。高さがあっても，跳び箱を使う

かかえ込み跳び

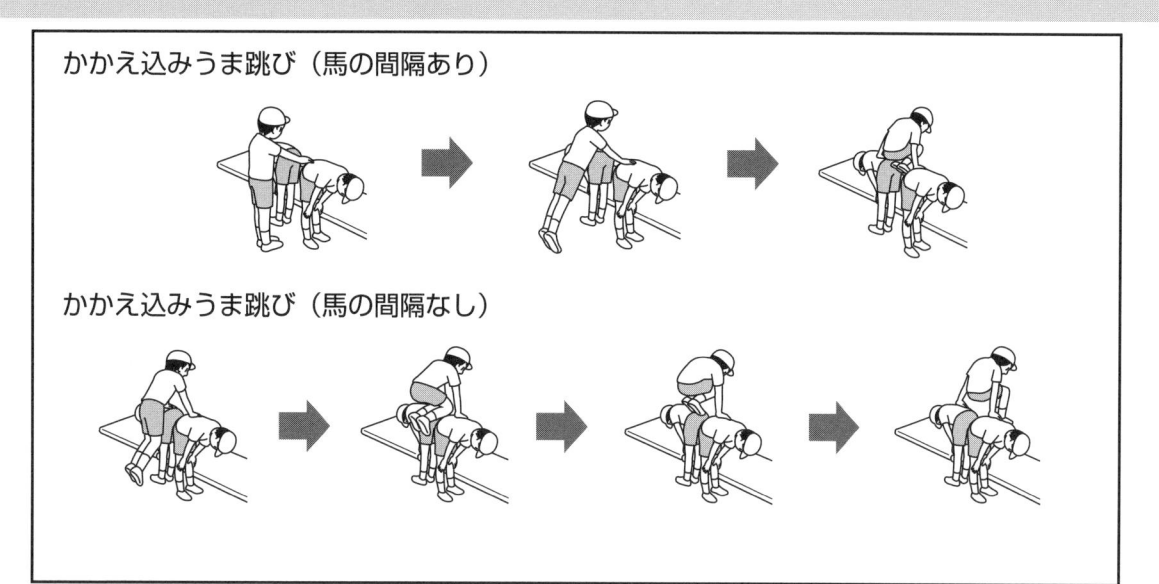

かかえ込みうま跳び（馬の間隔あり）

かかえ込みうま跳び（馬の間隔なし）

より恐怖心を緩和することができるので大変有効です。また，小マットには目標となる印があるので着手の位置や着地の目安にすることができます。小マットがない場合には，大きなマットを積み重ねることで代わりにすることができます。大きなマットで代用するときは，60cm程度で区切るとよいでしょう。

02 かかえ込みうま跳び

3人組で行う運動です。2人が背中合わせで立って馬をつくり，馬の背中を押してかかえ込み跳びをします。はじめのうちはお尻を離した状態で馬をつくり，腕支持から脚を抱え込んで前に運ぶ感覚を身につけます。間隔があることで足が引っかかってしまうという恐怖心をやわらげることができます。この動きに十分に慣れてきたら馬のお尻を近づけ，間隔を狭くしていきます。運動を行う際，跳ぶ子はしっかりと馬の背中を押し，膝を胸につけるようにかかえ込み，手をかききること

が大切になります。運動に慣れてきたら，マットの縫い目を点数化して，どこの線で着地できたかを競うこともできます。

また，安全面を考慮し，助走は一歩にすることが望ましいです。助走をつけてしまうと前に進む勢いが強くなり，馬の背中に着手したときに，馬を押し倒してしまうことがあります。さらに，試技をする前にしっかりと馬の背中を押して強度を確かめることが大切です。試技者は押す感覚を確認し，馬はどのくらいの力が加わるのかをあらかじめ知ることができます。この他にも，上手な馬をモデルとして見せることも効果的です。

うま跳びの高さだと跳び箱3〜4段程度に相当します。この高さをスムーズに越えることができるようになれば，跳び箱を横にした状態でかかえ込み跳びをするときと，高さはほとんど変わらなくなります。跳び箱に移る前に，馬と跳び箱の高さを比べると安心して取り組むことができます。

逆さ感覚

回転感覚

腕支持感覚

体の締めの感覚

手足の協調

潜る・浮く，水中での息つぎ

振動感覚

ボールの投補

相手のいないところをみつける

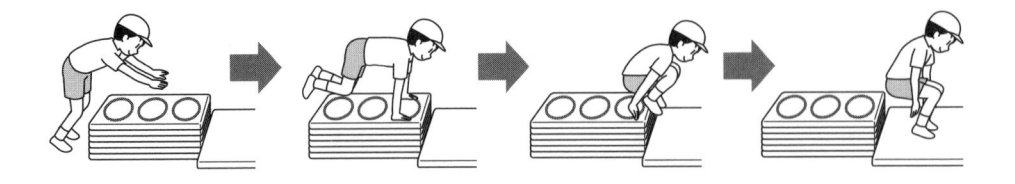

重ねたマットを跳び越える（縦）

手より遠くに足を着く

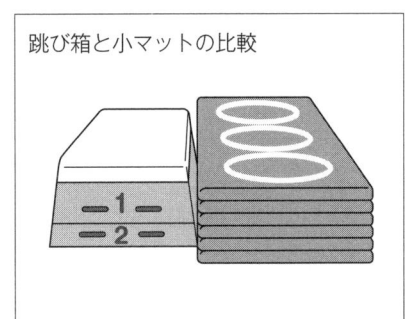

跳び箱と小マットの比較

03　重ねたマットを跳び越えよう（縦）

　かかえ込みうま跳びで脚を前に運ぶ感覚に慣れてきたら，小マットを重ねて縦にして行います。はじめのうちは，マットを跳び越えることよりも，着手した位置より前に脚を出すことを目標にしましょう。小マットに印があるときには，それを目標にするとよいでしょう。本校が使用しているミニマルチマットには，３つの○印があるため，○印を手や足の着く位置の目標にすることができます。小マットを６枚重ねると跳び箱の２段に相当します。また，長さも跳び箱よりも長いので，小マットを跳び越えることができれば跳び箱を越えるだけの感覚が身についていることになります。跳び箱に移行するときも比較してみせ，高さを実感させます。

04　跳び箱を越えてみよう

　跳び箱を越えるときにもステップを経ることが大切になります。特に，脚をかかえ込んで跳び越えた後に脚を伸ばすことができずにつまずく様子が見られます。そこで，跳び箱の奥に小マットを置き，恐怖心をやわらげます。運動に慣れてきたら，小マットを減らしていくとよいでしょう。

①手よりも遠くに足を着こう（縦の跳び箱）

　これまでマットで取り組んできたことを跳び箱でも行います。踏み切りの位置が近すぎると高いジャンプとなり，前への勢いは失われてしまいます。そこで，できるだけ遠くから両足で踏み切り，体を投げ出すことが大切になります。跳び箱に乗ったら，そこからうさぎ跳びで跳び下ります。しっかりとかきき

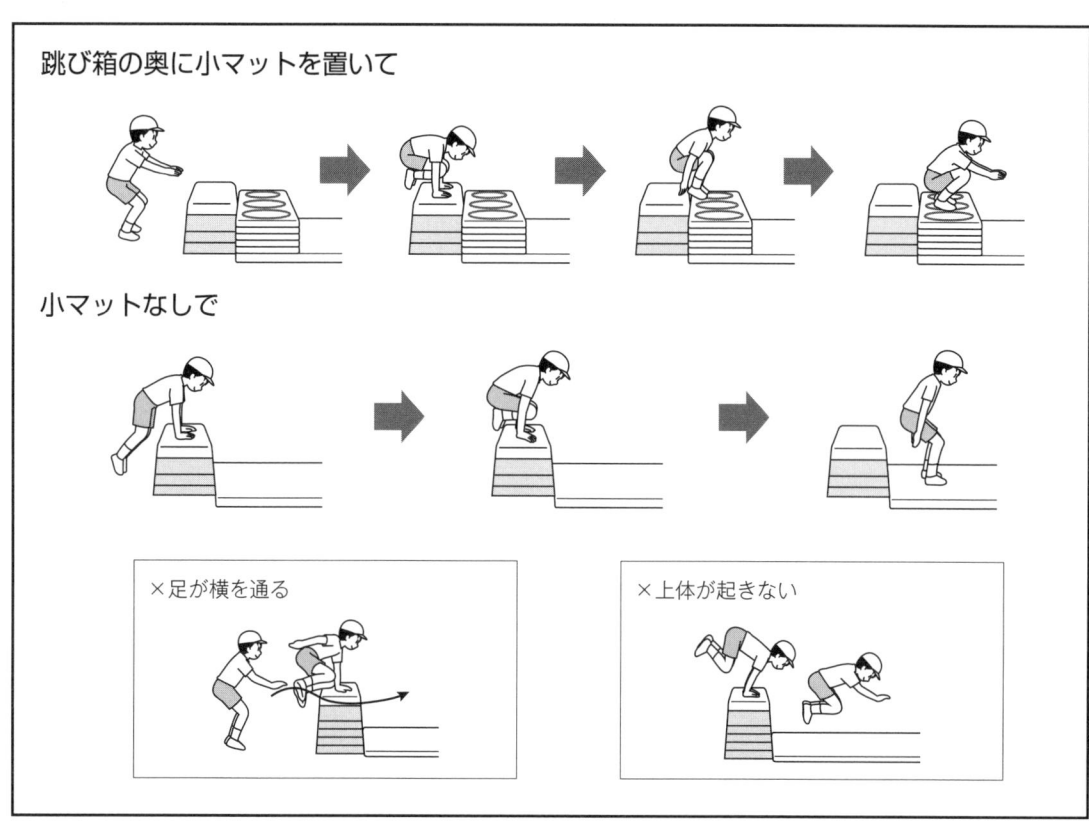

跳び箱の奥に小マットを置いて

小マットなしで

×足が横を通る

×上体が起きない

り，高さのある着地をすることでかかえ込み跳びの後半の動きに慣れていきます。

②横向きの跳び箱を越えてみよう

　いよいよ横向きの跳び箱で，かかえ込み跳びをします。十分に感覚が身についていると難なく跳び越える子が出てくるでしょう。ですが，跳び箱になるとつまずいてしまう子も出てきます。ここでは，よく見られる2つのつまずきとその手立てを紹介します。

　1つ目のつまずきが，片手を跳び箱から離してしまう横跳びの形です。これは，着手した後につんのめることが怖く，両手に均等に体重をかけられないことが原因です。そこで，体重を両手に乗せ，肩を前に出して重心を移動することを指導します。また，教師が補助をするのも効果的です。手を離してしまう側に立ち，着手のタイミングに合わせて肩を支

え，腿裏を押し出すようにします。この段階では，着地まで十分に意識がいかず，跳び越えることに集中しているため，正面から落下してしまうことや着地が正座の形になってしまうことも考えられます。ですので，先にも述べたように跳び箱の奥に小マットを重ねて置くとよいでしょう。

　2つ目のつまずきとして，腰が上がりすぎてしまい前のめりになってしまうことがあります。正しくは着手の後に上半身を起こす必要がありますが，着手の後にそのまま前のめりになってしまうことが原因です。ですので，踏み切りの位置を遠くにしたり，教師の補助で肩を少し持ち上げたりするとよいでしょう。さらに，目線を落としすぎずに，できるだけ正面を向くようにすると上半身が起きてくるようになります。

逆さ感覚

回転感覚

腕支持感覚

体の締めの感覚

手足の協調

潜る・浮く，水中での息つぎ

振動感覚

ボールの投補

相手のいないところをみつける

腕支持感覚

眞榮里　耕太

教材系統図

腕支持感覚の各教材の中から
・つばめ
・自転車こぎ
・空中逆上がり（後方支持回転）
を取り上げます

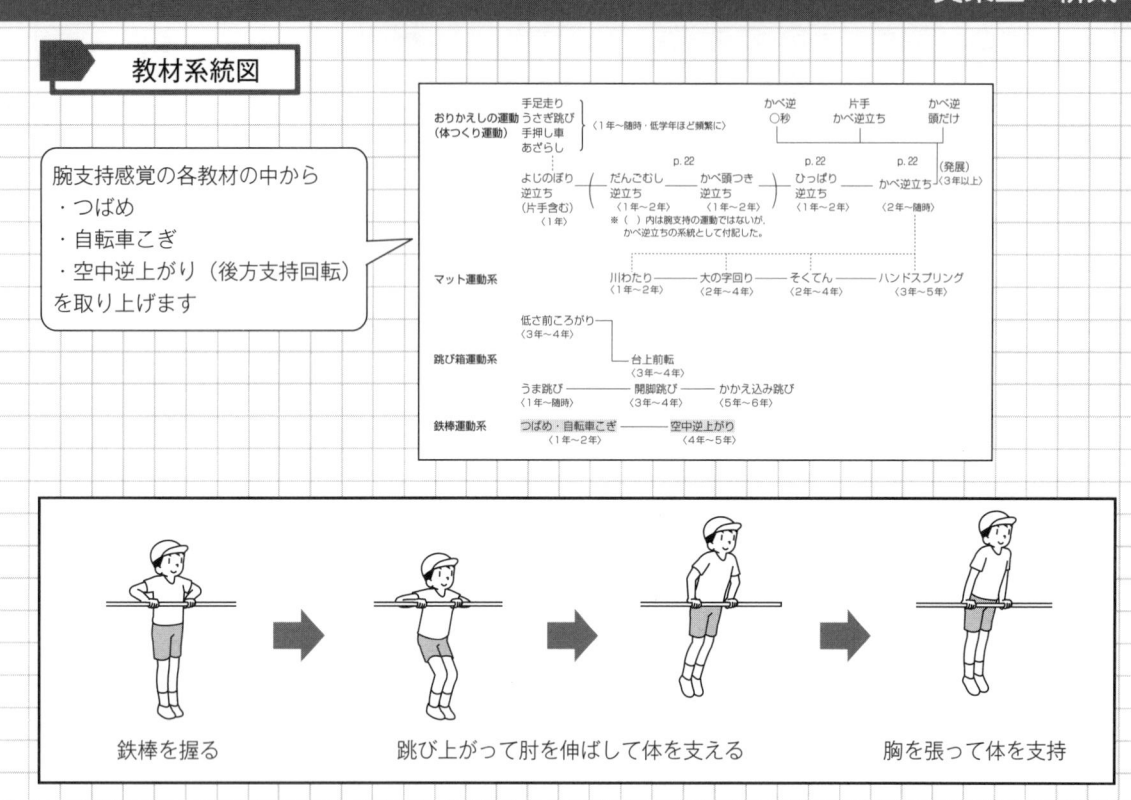

鉄棒を握る　　　跳び上がって肘を伸ばして体を支える　　　胸を張って体を支持

本項では，鉄棒を使って腕で体を支える「腕支持感覚」を身につけ，高める運動を紹介します。腕支持感覚は，鉄棒運動の上がり技，回転技，下り技のすべてに必要な感覚です。特に回転技では，回転し始める直前や回転後に鉄棒の上で体を支えるときに大切な感覚です。

トレーニングのようになってしまうことがあるので，取り組み方を変えて楽しみながら感覚を身につけ，高めていきましょう。

01　つばめ，自転車こぎ

つばめは，胸くらいの高さの鉄棒を両手でしっかりと握り，タイミングよく跳び上がります。おへそが鉄棒よりも高く上がったら手首に力を入れて肘を伸ばして体を支えます。

胸を張って姿勢を維持させましょう。

つばめの姿勢に慣れてきたらその姿勢を10秒程度止めてみます。このときに肘を曲げてしまったり，体が前方に倒れ込まないように注意が必要です。この後は，つばめになる時間を少しずつ（5秒程度ずつ）長くします。班の仲間が姿勢をチェックしながら時間をカウントしてやりましょう。

運動のバリエーションの1つ目として，鉄棒の高さを高くします。体を持ち上げ，支えるときに腕にかかる負荷がより大きくなります。「胸の上」「顔」「頭上」の高さの鉄棒に跳び上がって体を支持することに挑戦します。

バリエーションの2つ目は，つばめの姿勢からお尻を高く上げます。つばめの姿勢は崩

つばめ，自転車こぎ，空中逆上がり（後方支持回転）

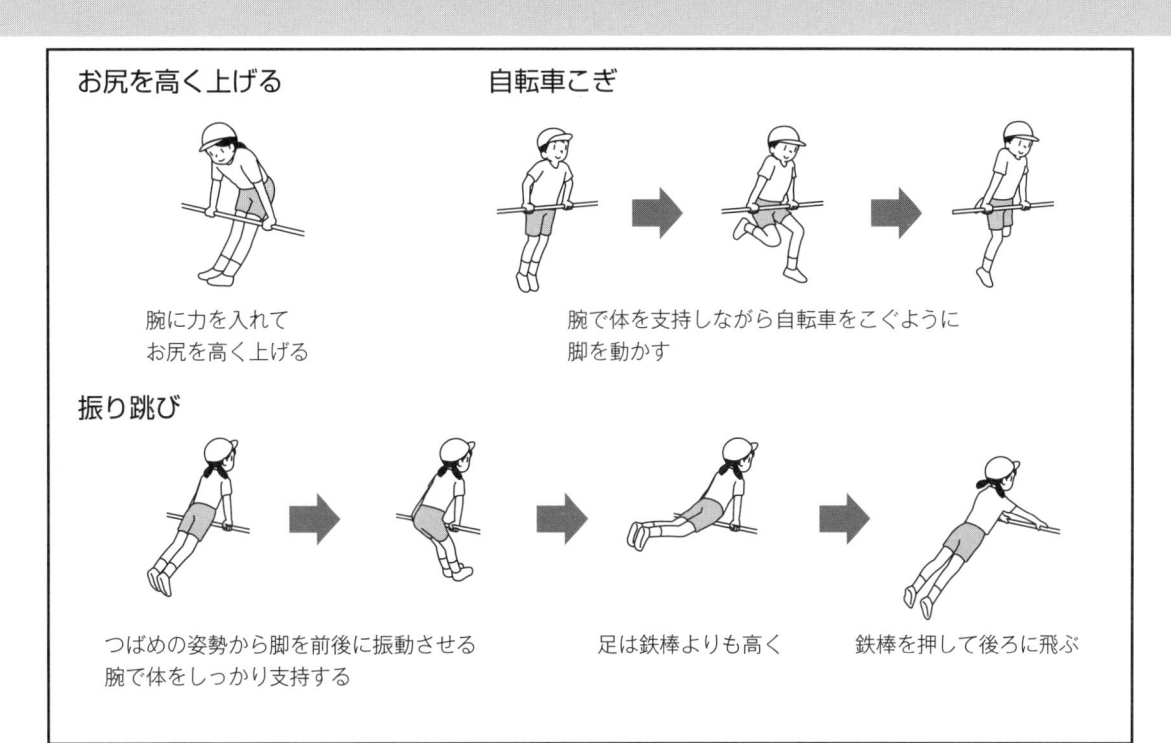

お尻を高く上げる

腕に力を入れて
お尻を高く上げる

自転車こぎ

腕で体を支持しながら自転車をこぐように
脚を動かす

振り跳び

つばめの姿勢から脚を前後に振動させる
腕で体をしっかり支持する

足は鉄棒よりも高く

鉄棒を押して後ろに飛ぶ

れてしまいますがより腕に負荷がかかるため，腕に力を入れる感覚を身につけ，高めることができます。

3つ目は，自転車こぎです。つばめの姿勢で，自転車をこぐように脚を動かします。脚を動かすことによって体が上下左右に動き，それを支えるために腕への負荷が高まります。

鉄棒を使って腕を支持する感覚を身につけ，高めるために，様々なバリエーションを用意することで子どもたちは飽きることなく，繰り返し取り組むことができます。

02 振り跳び

振り跳びは，後方支持回転の回転の勢いを生み出す予備動作につながります（後方支持回転については56ページに掲載）。

まずは，つばめの姿勢になります。腕で体を支持したら，脚を前後に振ります。慣れてきたら脚の振りを大きくしていきます。目標は，足が鉄棒よりも高く上がるようにすることです。腕や肘に力が入っていないと体を支えたり，繰り返し脚を振ったりすることができなくなります。脚を振り上げるとおなかが鉄棒から離れ，鉄棒に当たるたびに痛みを感じることがあります。しかし，この後回転するためには大切な動きなので補助具をつけるなどして痛みを軽減するようにします。

脚の振りが大きくなってきたら今度は後ろに飛び出します。「いーち，にー，さーん」のリズムで脚を動かし，「さーん」のタイミングで，腕で鉄棒を押して体を後方に投げ出します。地面に両足でしっかりと着地しましょう。後方にゴムひもなどを張って目標を決めるとよいでしょう。

逆さ感覚

回転感覚

腕支持感覚

体の締めの感覚

手足の協調

潜る・浮く，水中での息つぎ

振動感覚

ボールの投補の

相手のいないところをみつける

体の締めの感覚

眞榮里　耕太

▶ 教材系統図

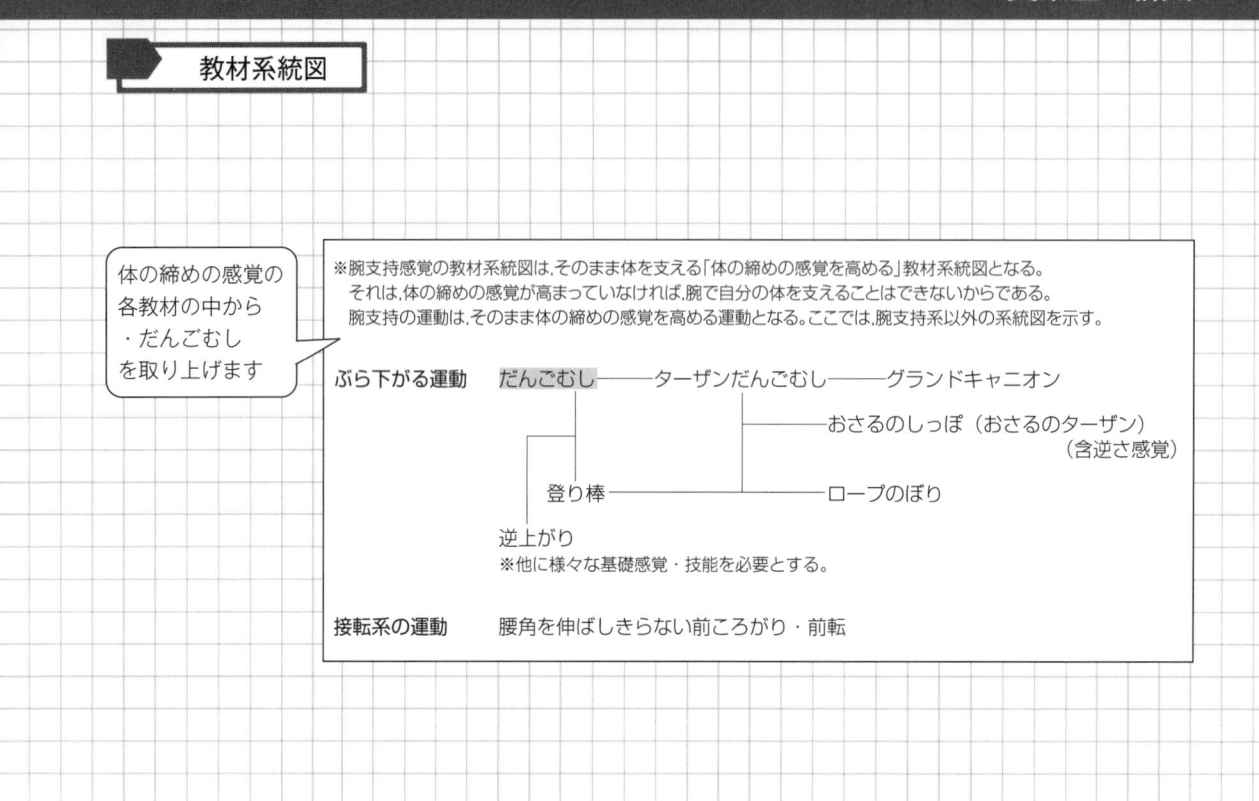

体の締めの感覚の
各教材の中から
・だんごむし
を取り上げます

※腕支持感覚の教材系統図は,そのまま体を支える「体の締めの感覚を高める」教材系統図となる。
　それは,体の締めの感覚が高まっていなければ,腕で自分の体を支えることはできないからである。
　腕支持の運動は,そのまま体の締めの感覚を高める運動となる。ここでは,腕支持系以外の系統図を示す。

ぶら下がる運動　だんごむし ── ターザンだんごむし ── グランドキャニオン
　　　　　　　　　　　　　　　　　　　　　　　　　　おさるのしっぽ（おさるのターザン）
　　　　　　　　　　　　　　　　　　　　　　　　　　　　　　　　（含逆さ感覚）
　　　　　　　　　　　　登り棒 ──────── ロープのぼり
　　　　　　　　　　逆上がり
　　　　　　　　　　※他に様々な基礎感覚・技能を必要とする。

接転系の運動　　腰角を伸ばしきらない前ころがり・前転

01　体の締めの感覚について

　これまでの感覚に続いて「体の締めの感覚」を取り上げます。

　「体の締めの感覚」は,様々な運動・スポーツに取り組む際に体（特に体幹）に力を入れる感覚です。主に姿勢を保持したり,力を発揮したりするときに必要な感覚です。意識せずに使っている感覚ですが,これまで紹介してきたものと同様に意図的に教材を配列しなければ,体の締めの感覚を身につけ,高めていくことはできません。

　体の締めの感覚は,お腹（特に下腹部）に力が入る感覚です。子どもたちにはお腹に力を入れるイメージをもたせます。

02　体の締めの感覚を高める運動

　上の教材系統図をご覧ください。

　ここでは,体の締めの感覚を高める代表的な教材を挙げています。体の締めの感覚は,姿勢を保持するために必要な感覚ですので,「腕支持感覚」を身につけ,高めていく運動と類似しています。どちらが先ということもありませんので並行して取り組んでいきます。

　ぶら下がる運動は,鉄棒や登り棒,クライミングロープを使用します。子どもたちが楽しみながら取り組むことができるものが多くあります。また,マット運動や鉄棒運動で体を回転させるときに姿勢を保つのに必要な感覚でもあります。

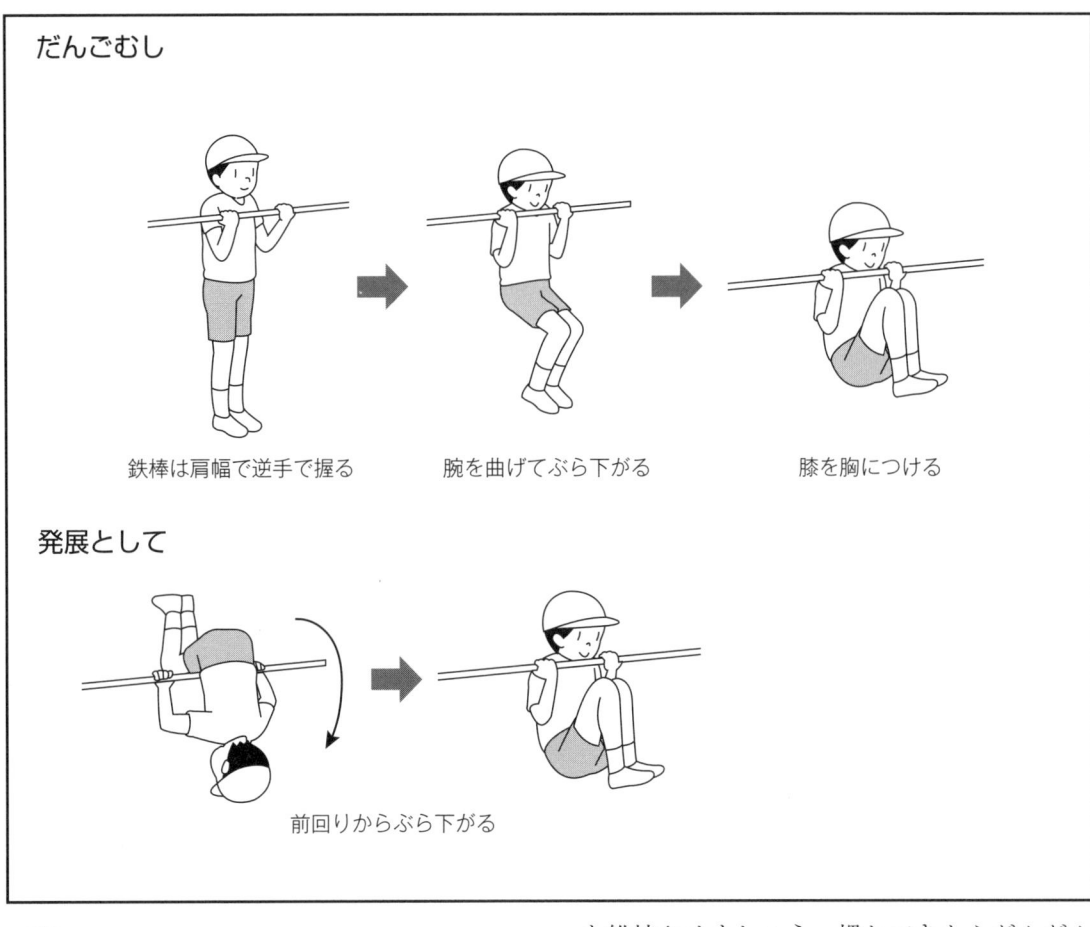

だんごむし

鉄棒は肩幅で逆手で握る　→　腕を曲げてぶら下がる　→　膝を胸につける

発展として

前回りからぶら下がる

⓪③ だんごむし

　だんごむしは，鉄棒を逆手（慣れてきたら順手でも OK）で握って，肘を曲げて力を入れて体を支持する運動です。足を地面から離して膝を曲げることで下腹部に力を入れる感覚を実感することができます（大人がこの運動に取り組むとお腹付近が筋肉痛になります）。

　望ましい姿勢は，足を地面から離して膝が胸の高さくらいまで上がるようにします。また，顎は鉄棒よりも高く保ちます。顎を鉄棒にかけると下りるときにぶつけてしまうので注意します。

　はじめは，教師の合図で5秒程度この姿勢

を維持させましょう。慣れてきたらだんだんと（5秒程度ずつ）時間を長くしていきましょう。10秒程度は，全員ができるようにしたいものです。

　10秒より先は，各班ごとに互いの秒数を数えるようにします。また，だんごむしリレーなどを用いて楽しみながら取り組ませましょう。

　肘や足が伸びてしまったり，顎が鉄棒よりも下になったりする姿勢の場合は，やり直したり，教師がお手伝いをしてあげましょう。

　発展としては，前回り下りの途中に体を締めてだんごむしの姿勢で止まります。回転するスピードをコントロールすることとともに体を締める感覚を身につけることができます。

体の締めの感覚

齋藤　直人

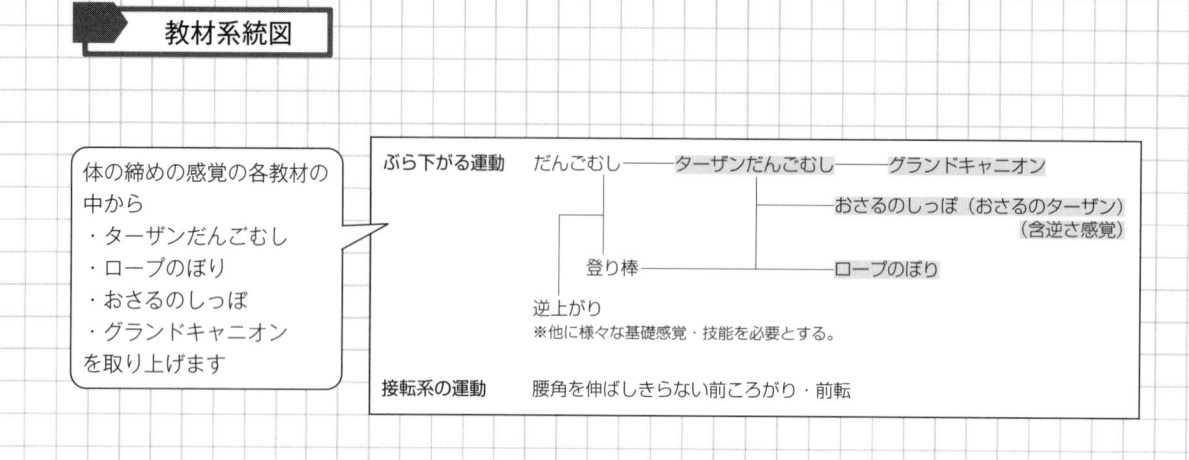

教材系統図

体の締めの感覚の各教材の中から
・ターザンだんごむし
・ロープのぼり
・おさるのしっぽ
・グランドキャニオン
を取り上げます

ぶら下がる運動　だんごむし ── ターザンだんごむし ── グランドキャニオン
└── おさるのしっぽ（おさるのターザン）（含逆さ感覚）

登り棒 ── ロープのぼり

逆上がり
※他に様々な基礎感覚・技能を必要とする。

接転系の運動　腰角を伸ばしきらない前ころがり・前転

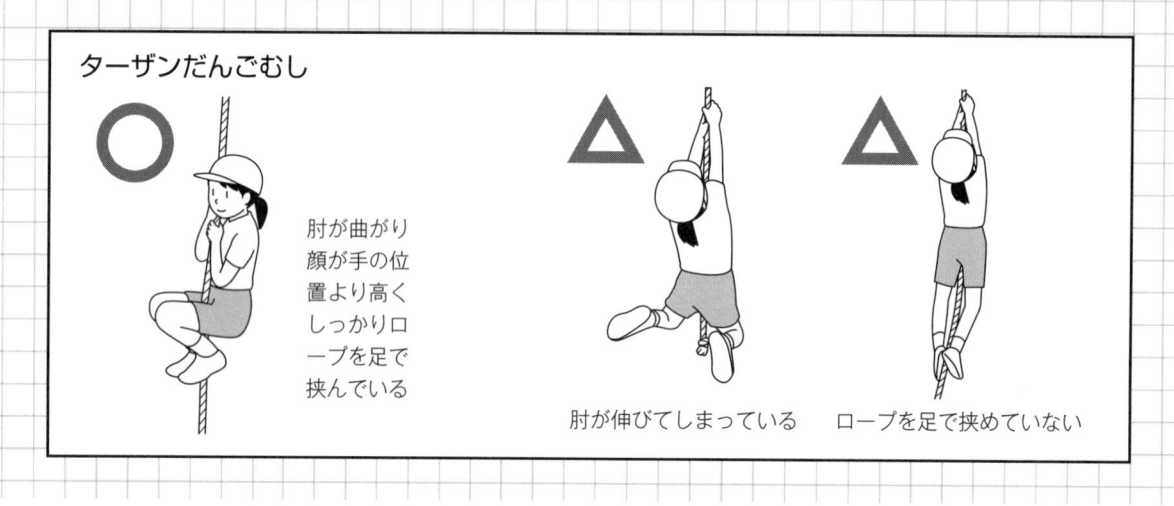

ターザンだんごむし

○ 肘が曲がり顔が手の位置より高くしっかりロープを足で挟んでいる

△ 肘が伸びてしまっている

△ ロープを足で挟めていない

本項では，登り棒やクライミングロープを使って，体の締めの感覚を身につけ，高める運動を紹介します。

腕で自分の体を支えながら，姿勢を保持したり，力を発揮したりすることができるように取り組んでいきましょう。

01 ターザンだんごむし（登り棒・クライミングロープ）

前項では，鉄棒を使った「だんごむし」を紹介しましたが，それを登り棒やクライミングロープで行います。

鉄棒同様，登り棒やクライミングロープを握って，肘を曲げて力を入れて，体を支持する運動です。膝を曲げることで下腹部に力を入れる感覚を実感することができます。

望ましい姿勢は，以下の通りです。

①肘がしっかり曲がっている

②顎の位置が握っている手よりも上の位置にある

③膝がおへその高さぐらいの位置まで上がっている

肘が伸びたり，膝がおへそよりも下がった

ターザンだんごむし，ロープのぼり，おさるのしっぽ，グランドキャニオン

ロープのぼり

自分の頭よりも高い
位置でロープを握る

手と足をうまく使って登る

ゆっくり降りる

りしても，登り棒やクライミングロープにぶら下がっていることはできますが，その姿勢では，体の締めの感覚を高めることにはなりません。

教師の合図で5秒程度この姿勢を維持させましょう。5秒ぐらいずつ長くしていきます。10秒程度は全員ができるようになることを目指しましょう。

登り棒やターザンロープでの「だんごむし」に取り組みながら，それに登る運動にも取り組みましょう。

「だんごむし」ができていないからといって，登ることに取り組ませないと，どんどん感覚を高める機会が減るのはもちろん，子どもたちのモチベーションにも影響します。

最初のうちは上手に登れなくても，だんごむしの姿勢から，少しでも手を上に持ち直そうとしたり，肘を曲げて体を上に持ち上げよ

うとしたりする姿を積極的にフィードバックしていきましょう。

 ロープのぼり（登り棒・クライミングロープ）

「のぼる」のポイントは，以下の通りです。
①肘を曲げて自分の体を上に引き上げる
②登り棒やクライミングロープを足で挟んで体重を支える

特にクライミングロープは，体を動かせば不安定に揺れるので，手と足を協応させながら，全身を使って登りましょう。

また，安全面で気を配りたいのが登り方だけではなく，降り方です。高い場所まで登り，そこから一気に手を滑らせて降りると，ロープとの摩擦で火傷のようになり手の皮が剥けてしまうことがあります。ゆっくり，焦らずに降りるように声をかけましょう。

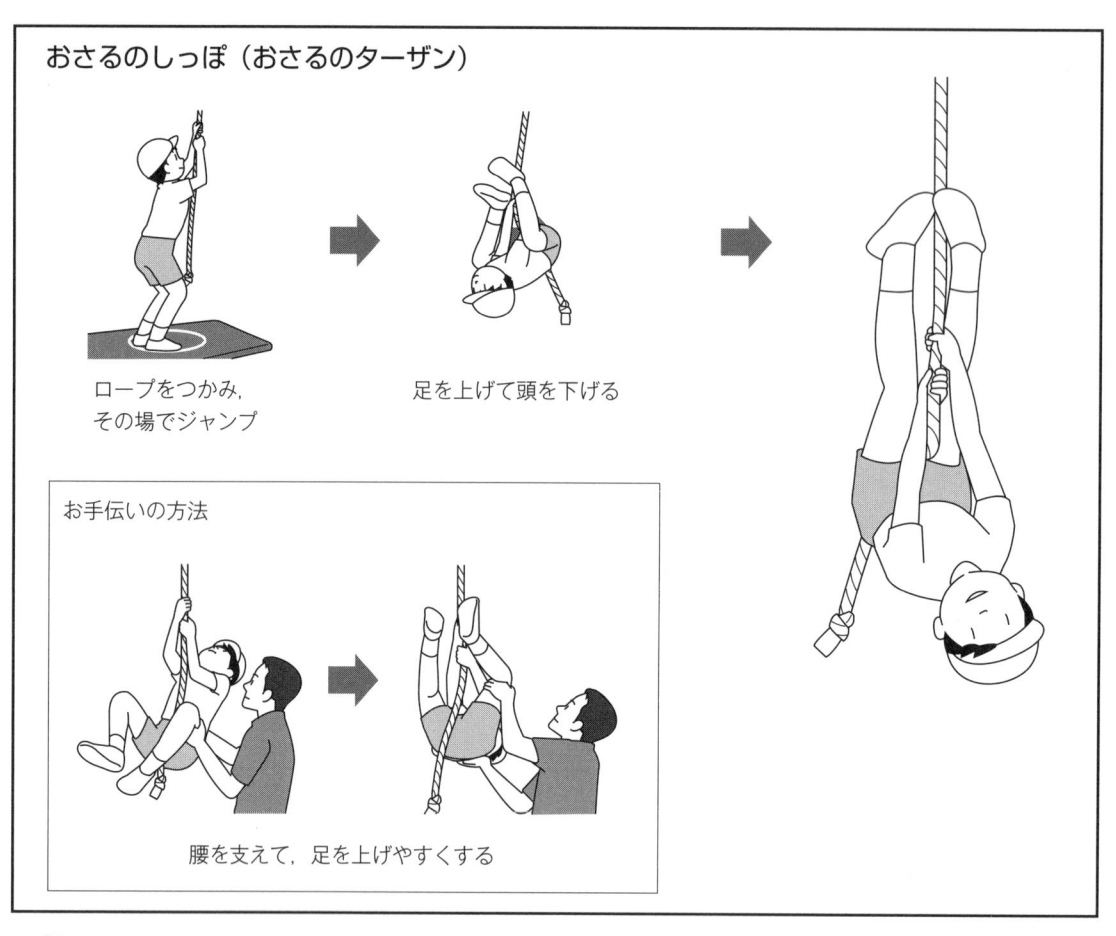

おさるのしっぽ（おさるのターザン）

ロープをつかみ,
その場でジャンプ

足を上げて頭を下げる

お手伝いの方法

腰を支えて, 足を上げやすくする

03 おさるのしっぽ（おさるのターザン）

「おさるのしっぽ」は, ロープを握っている手よりも高い位置に足を上げて, 頭を逆さの姿勢でロープにぶら下がる運動です。

腕で自分の体を支えたり, 足でロープを挟んで体を支えたりしながら, 姿勢を保持する体の締めの感覚を高めます。また, 腰の位置が頭よりも高いところにあるので, ロープという不安定な状態での逆さ感覚を身につけることにもつながります。

不安定な状態で逆さになるので, 難しいと感じる子もいますが, 日常では味わうことのできない感覚なので, 多くの子どもたちが喜んで取り組みます。

やり方は,

①ロープを頭より高い位置でつかむ

②肘を曲げてロープを体に引き寄せながらジャンプをする

③ジャンプと同時に足を上げて, 頭を下げる

④足でロープを挟み, 落ちないようにする

背中を反らすことができなかったり, 頭を後ろに倒すことができなかったりすると, 足が上がらずこの姿勢になるのが難しくなります。イラストのように教師が腰を支えながら, 足を持ち上げロープを挟ませると感覚をつかみやすくなります。1人でできなくても, 動きを経験させることが大切です。

グランドキャニオン

ロープにつかまり
「川」（はじめは３ｍ程度）を渡る

体を支えたり，受け止めても OK

04　グランドキャニオン

　これまでに紹介した「だんごむし」や「おさるのしっぽ」は，その場でその姿勢をとるだけでなく，ロープにぶら下がってふりこのように揺らす（ターザン）と，揺れる感覚を楽しむだけでなく，より体の締めの感覚を高めることにつながります。

　「グランドキャニオン」は，ロープにぶら下がって，マットとマットの間（川）を跳び越えることができるかに挑戦する運動です。

　一般的には，渡る側は跳び箱の１段目を使いますが，今回はより手軽に取り組める小マットを使っています。個人で取り組むのではなく，グループで取り組むことが大切です。

　やり方は，

①壁際にマットを置く

②マットの上に全員（４人）が乗る

③順番にロープにつかまってマットに渡る（ロープを取るときは川に入ってもOK）

④次の子がロープを手渡しで受け取り，壁際のマットに戻り，渡る

⑤仲間が川に落ちないように，体を支えてもよい

⑥全員が渡り終えたら，渡ったマットの上で５秒数えて成功

⑦マットの距離を少しずつ広げ何度も挑戦する

　できるだけロープの上の方をつかみ，肘と膝を曲げて，体に力を入れながら川を渡りましょう。

手足の協調

平川 譲

教材一覧

手足の協調の各教材
の中から
・くも歩き
・スキップ
を取り上げます

※これまでの教材で扱ってきた基礎感覚と違い，手足の協調を高める教材に
　明確な系統があるとは考えにくい。
　そこで，手足の協調については系統は示さずに教材を紹介していく。

| おりかえしの運動 | p. 14　　　　　p. 18
手足走り，うさぎ跳び，くも歩き（前後），スキップ，大また走
ケンケン（ケンケンパー）　　　　　　　　バンザイスキップ |

短なわ跳び（技の習得全般）

| 水泳 | クロール，平泳ぎ |

リズムダンス　※教材が多様であるため省略

01　手足の協調について

　手足の協調は，手と足を協調して動かす技能です。赤ちゃんが自分の手足を認識して，寝転んだまま自分の足をつかんで口に入れるなどする頃から，徐々に高まる基礎技能と考えられます。この技能の高まりとしてイメージされる運動は，はいはい，二足歩行，歩行速度が上がってのかけ足，ケンケンパー，スキップなどでしょうか。本書では，これらの走・跳の運動以外にも，短なわ跳び，水泳なども，手足の協調を高める運動として取り上げます。

　上の図に示したように，リズムダンスも，音楽に合わせて，手足を意図的に動かす運動と捉えられます。リズムダンスは，既に発表されているダンスから，先生方が創作するオリジナルダンスまで，無数に存在します。その中から，「この動きが手足の協調の技能を高める効果が高い」とはいいきれませんので，本書で教材を取り上げることは控えることにします。

02　系統を示せない

　読者のみなさんも，上図の教材を見て感じると思いますが，ここに示した教材に高い系統性や，ネットワークのような関係性があるとは思えません。

　上の図のおりかえしの運動の中では，スキップが一般的にはやや難しい運動になりますが，スキップが上手にできても，くも歩きは苦手という子もいます。短なわ跳びには易しい技から難しい技までありますが，それらが他の運動とネットワークのような関係にあるとは考えにくい子どもの実態があります。

　以上のような事実から，手足の協調については系統図は示さずに，教材紹介にとどめることとしました。

くも歩き，スキップ

くも歩き（前歩き）

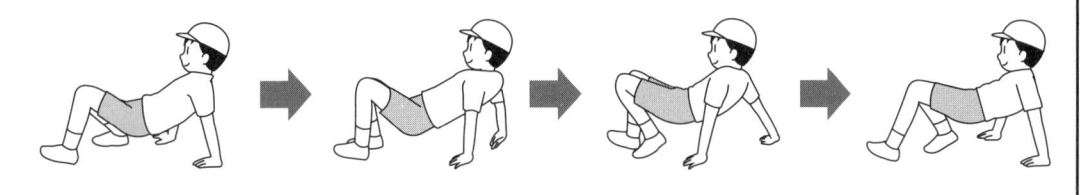

くも歩き（後ろ歩き）

逆さ感覚

回転感覚

腕支持感覚

体の締めの感覚

手足の協調

潜る・浮く，水中での息つぎ

振動感覚

ボールの投補

相手のいないところをみつける

03 手足の協調を高める運動

それでは，手足を協調する技能を高める運動を紹介していきます。手足走りは15ページ，うさぎ跳びは18ページで逆さ感覚を高める運動として紹介していますので，省略します。

①くも歩き

あお向けの姿勢で，お尻を床から離して移動します。お尻をくもの腹に見立てて，くも歩きと呼んでいます。

手足走りをあお向けにした運動ともいえます。手足走りは赤ちゃんの頃の「はいはい」の動きと似ていますので，手足の動きに戸惑う子は少数です。しかし，体をあお向けにすると，経験の少ない非日常の動きとなり，手足の動きがかなりぎこちなくなって，移動の速度が落ちます。

この運動が，器械運動の技や，陸上運動の種目に直接系統的につながるとは考えにくいのですが，非日常の不慣れな姿勢で，手足を意図的に動かせるようになることをねらって，おりかえしの運動の中で，時折取り上げるようにしています。

子どもによっては，後ろ歩きの方が易しいと感じる子もいます。後ろ歩きは足で床を押して進むので，推進力を得やすいようです。

床にお尻を擦らないように，「くもは，お腹を擦っては歩かないよ」「お尻をしっかり上げて」と声をかけながら進めます。お尻を上げるには，体の締めの感覚も必要で，他の体の締めの感覚を高める運動や，手足の協調を高める運動を少しずつ繰り返しながら，くも歩きの前後とも，スムーズに進めるようにしていきます。

スキップ

つまずいている子
には教師やできる
子が手をつないで
一緒にスキップ

②スキップ

　1年生で体育授業を始めると，クラスに2〜3人は，苦手な子がいるのがスキップです。大また走になってしまったり，左右交互に脚が上がらないギャロップのような動きになってしまうのが，つまずきのパターンです。

　このような子には，手をつないで「先生と同じようにやってみよう」と言って，隣で一緒にスキップをしてやるのが効果的です。上手にできる子と教師の2人で，つまずいている子を挟んでスキップをするのもよいでしょう。スキップ独特のリズムで，左右交互に腿を上げる動きをすぐ側で見せて，同じリズムで模倣できるお手本にすることで，少しずつできるようになっていきます。

　スキップの動きができたら，手足を大きく動かして，大きなスキップにしていきます。腿を高く上げて，跳躍を高く，一歩を大きくすることで，跳躍力，走力を高める運動にもなっていきます。

③バンザイスキップ（スキップのアレンジ）

　スキップにバンザイの動作を合わせます。左右の腿が上がるたびに「バンザイ，バンザイ」と手を上げるのではなく，左右どちらかの腿が上がるのに合わせて両手を上げます。リズムは，「バンザ〜イ，バンザ〜イ」という感じになります。

　通常のスキップの腕振りは，脚の動きと反

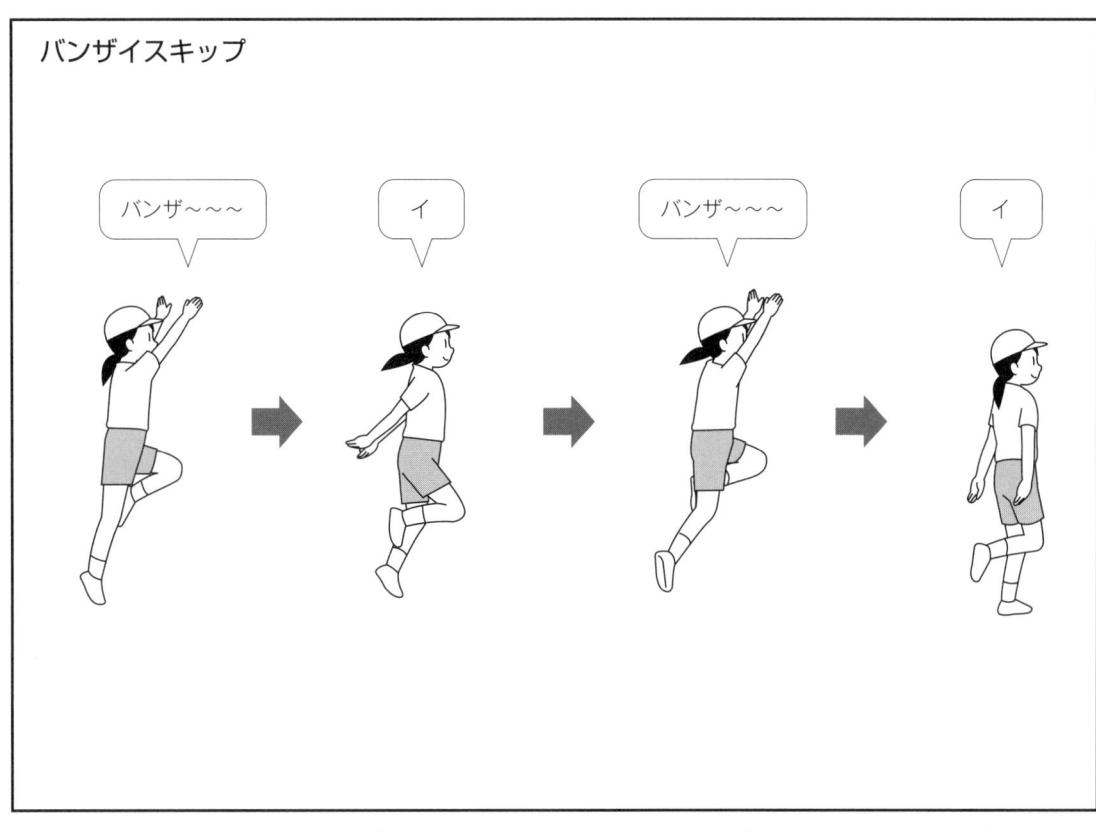

バンザイスキップ

バンザ〜〜〜　／　イ　／　バンザ〜〜〜　／　イ

対の前後の動きで，歩行や走動作と同じ動きです。これは，リラックスしていれば自然と出る動きです。これをバンザイにするのも，それほど難しいことではありませんが，「バンザ〜イ，バンザ〜イ」のリズムに戸惑う子もいます。

このバンザイスキップの動きは，翻転系のそくてん（側方倒立回転）（28ページ）やハンドスプリング（30ページ）の，着手前の予備動作であるホップの動きと同じになります。側転のホップ動作では，先に着手する手と同じ側の足（例えば右手と右足）が上がるタイミングで両手を上げて，バンザイの姿勢になる必要があります。リラックスしてバンザイスキップができていると，自然に側転のホップと同じ動作になりますので，考えずにできるくらいバンザイスキップを経験させておく

と，ホップ動作でつまずかなくて済みます。

スキップやバンザイスキップを大きくするのに，一定距離（おりかえしの運動の折り返しラインまで）を，何回のスキップで到達するかに挑戦してもよいでしょう。跳躍はもちろん，腕も大きく振り上げた方が，高く跳んで前に進めることを実感できます。

2人組〜4人組程度で手をつないだスキップは，"仲間と動きを合わせる"という適度な課題が加わって，さらに楽しいものになります。くも歩きと同様に後ろに進むスキップをたまに取り入れることもおすすめします。後ろに転ぶことを想定して，壁際までは行かないように折り返しましょう。

手足の協調

山崎　和人

教材一覧

おりかえしの運動	p. 14　　　p. 18 手足走り，うさぎ跳び，くも歩き（前後），スキップ，大また走 ケンケン（ケンケンパー）　　　　　　バンザイスキップ	
短なわ跳び（技の習得全般）		
水泳	クロール，平泳ぎ	
リズムダンス	※教材が多様であるため省略	

手足の協調の各教材の中から
・大また走
・ケンケン（ケンケンパー）
を取り上げます

大また走

01 大また走

大また走は，リズムよく両手を大きく振り，それに合わせて前に出した腕と反対の足を出す運動です。理想的な動きとしては，大股で走るのではなく，一歩一歩連続で遠くにジャンプする形です。片足で地面を蹴り上げた後に，空中で全身の力を抜いて，次のジャンプの準備をします。上半身と下半身を上手に連動させることで，より大きく遠くに進むことができます。走り幅跳びや走り高跳びといった跳躍系の助走で生かされる運動です。

よくあるつまずきとしては，同じ方の手足を出してしまうことが挙げられます。これは，慣れない動きをするために起こるつまずきといえます。ですので，まずは，腕を振ることを考えさせず，上半身をリラックスさせた状態で大またで走らせましょう。運動に慣れてくると，腕を上手に使いながら，前に進むことができるようになります。

大また走は，おりかえしの運動の中に取り入れることができます。大また走をそのままやらせてもよいのですが，何歩で行うことができたかを数えさせることで動作をより大きくすることができます。また，コースの真ん中に小マットを置いて，それを跳び越えさせるといったこともできます。その他にも，「グリコジャンケン」にしてゲーム化できます。

大また走，ケンケン（ケンケンパー）

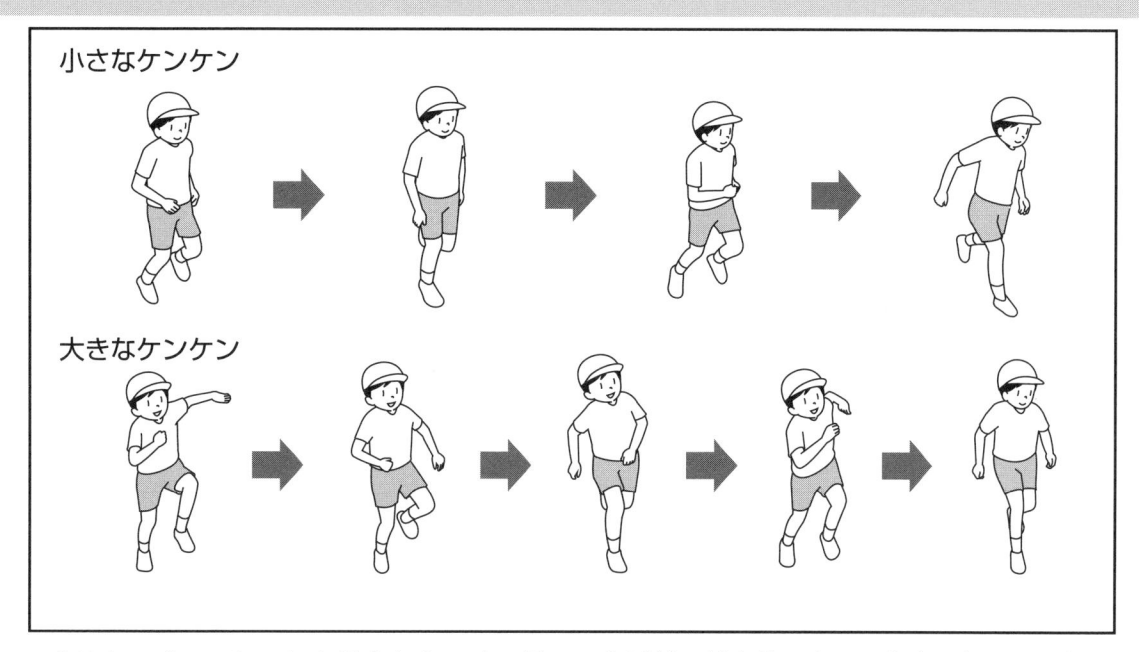

小さなケンケン

大きなケンケン

「グリコジャンケン」を行うときには，最後の一歩を両足着地することを意識させます。片足で大きく跳んでから，両足で着地することで走り幅跳びの動作につなげていきます。

02 ケンケン

ケンケンは，浮かせている足や上半身を大きく振って勢いをつけることで一歩が大きくなり，たくさん進むことができます。走・跳の運動では，母指球からつま先で地面を蹴り上げる感覚が必要になります。また，上半身と下半身を連動させて動かすことで，しっかりとした走り方を身につけ，力強く走ることができるようになります。ケンケンも大また走と同様におりかえしの運動に含めて行うことができます。

低学年など，はじめて行うときには数歩進んだだけで反対の足を着いてしまうことがあります。そのため，一歩が小さいケンケンで

も反対の足を着かないことを目標に取り組ませましょう。はじめのうちは，小さなケンケンですが，繰り返し行うことで動きがダイナミックになってきます。手立てとしては，一定の距離を何歩で行うことができるかを数えさせて，少ない歩数の子の動きを見せて，浮かせている足や上半身の使い方を確認させるとよいでしょう。歩数を前回と比較したり，教師が目標を設定したりして，できるだけ少ない回数で行うことができるようにします。ただし，一歩を大きくしようとしてリズムが悪くなることがあるので，リズム太鼓や手拍子等でリズムをとってやり，調子よく運動させましょう。

また，行きと帰りで反対の足にすることで左右差なく，バランスよく運動することができます。子どもたちに自由に取り組ませると，進みやすい方でのみ行ってしまうので，教師が足を指定するとよいでしょう。

逆さ感覚｜回転感覚｜腕支持感覚｜体の締めの感覚｜手足の協調｜潜る・浮く・水中での息つき｜振動感覚｜ボールの投捕｜相手のいないところをみつける

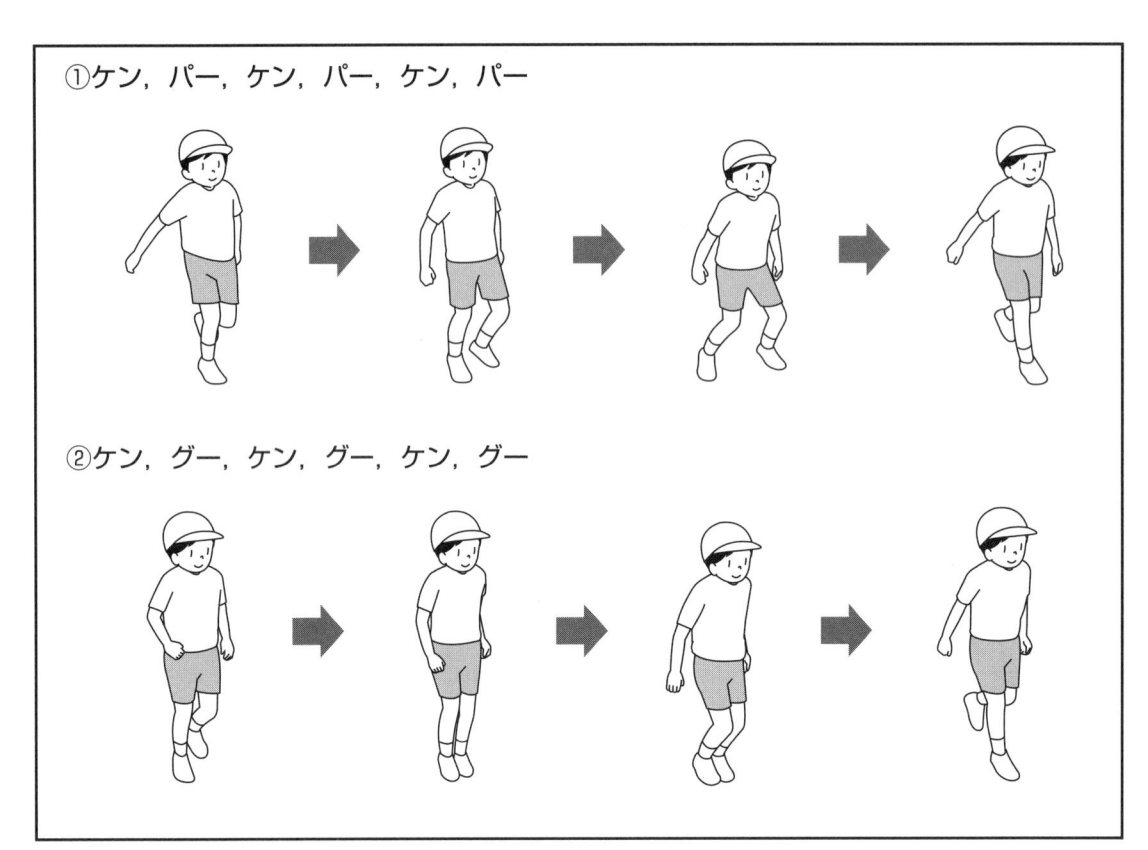

①ケン，パー，ケン，パー，ケン，パー

②ケン，グー，ケン，グー，ケン，グー

03 ケンケンパー

ケンケンパーは，以下のようないくつかのバリエーションがあります。

①ケン，パー，ケン，パー，ケン，パー……

②ケン，グー，ケン，グー，ケン，グー……

③グー，パー，グー，パー，グー，パー……

④ケン，パー，ケン，パー，ケン，ケン，パー……

これらは，他の運動につながるリズムになっています。ですが，それを子どもたちが意識して行うのではなく，どのリズムでも正しく行うことを目標とします。リズム太鼓や手拍子等でリズムをとってやることで，苦手な子でも合わせることができるようにします。

運動を紹介するはじめのときには，前に進ませずに全員その場で行って，やり方を確認しましょう。

①②ケン，パーとケン，グー

①と②に関しては，ケンケンのときにしっかりと地面を蹴ることで大きく前に進むことができます。着地のときには，両足で着地をすることで運動にメリハリが生まれます。これを速く行おうとすると，①のパーを行うときにバタ，バタと片足ずつ着地することがあり，雑になってしまいます。ですので，速さを競わせずに確実に両足で着地することを意識させましょう。

また，②のグーのときには，両膝を曲げて行うことで，走り幅跳びの着地の動きを経験することができます。このように，片足踏み切りから両足着地する運動や，片足踏み切りから足を開く運動である，走り幅跳びや走り高跳び，ハードル走といった運動につながる動きになります。

③グー，パー，グー，パー，グー，パー

④ケン，パー，ケン，パー，ケン，ケン，パー

③グー，パー

　③のグー，パーは開脚跳びにつながる動きになります。開脚跳びは，両足踏み切りをしてから，着手をして，両足を開くという動きになっています。うま跳びを行うときに，着手をした後に足を開くことができず横跳び越しの形になってしまうつまずきが見られます。この場合，両足を開いて跳んだ後，両足で着地をする足の動かし方を，イメージできないことがつまずきの要因として考えられます。

　ですので，あらかじめグー，パー，グー……という足の動きをリズムよく行っておくことで，スムーズな動きの習得につながります。また，グーとなる部分は，両足踏み切りと両足着地につながる動きなので，両足同時に行うことができているかを確認することが大切です。

④ケン，パー，ケン，パー，ケン，ケン，パー

　①のリズムを発展させた形になります。ケンステップ等を使ってよく行われている運動ですが，用具を使うと準備や片付けに時間がかかってしまうので好ましくありません。また，用具を準備すると大人数が同時に行うことが難しくなります。ですので，おりかえしの運動の中で取り組ませると効率的です。

　パーの部分をグーにすることやケンの部分をグーにすることで異なるリズムで運動をすることができます。また，4人程度の人数で，前の子の肩に手を乗せて4人組の列車をつくり，手を離さずに決められたところまで行くことができるか挑戦させる方法もあります。

　このように，様々なリズムに取り組ませることで飽きることなく，感覚づくりを進めることができます。

逆さ感覚

回転感覚

腕支持感覚

体の締めの感覚

手足の協調

潜る・浮く，水中での息つぎ

振動感覚

ボールの投補

相手のいないところをみつける

手足の協調

眞榮里　耕太

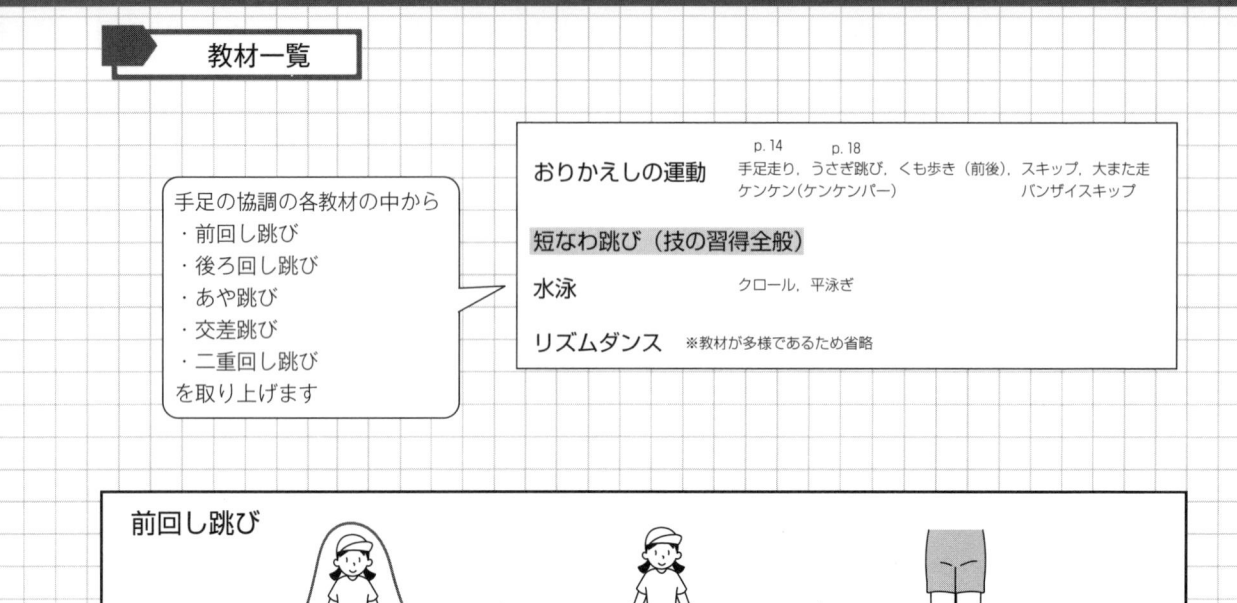

教材一覧

手足の協調の各教材の中から
・前回し跳び
・後ろ回し跳び
・あや跳び
・交差跳び
・二重回し跳び
を取り上げます

| おりかえしの運動 | p.14　　　　p.18 手足走り，うさぎ跳び，くも歩き（前後），スキップ，大また走 ケンケン（ケンケンパー）　　　　　　　バンザイスキップ |

短なわ跳び（技の習得全般）

水泳　　　　　　クロール，平泳ぎ

リズムダンス　　※教材が多様であるため省略

前回し跳び

なわをゆっくり回す　→　タイミングを合わせてジャンプ　→　つま先でジャンプ

本項では，短なわ跳びを使用して手足の協調動作を身につけ，高めていくことについて紹介します。

短なわ跳びでは，手と足の動きをスムーズに協調させることが，技能を身につけ，高めるためのポイントとなります。その結果として多くの技を成功させることにつながります。

短なわ跳びは，自分で回旋させたなわにタイミングを合わせてジャンプを繰り返します。なわを持っている手の動かし方を変えたり，回旋するなわの方向を変えたりして，技のバリエーションを増やしていくことができる運動です。なわをスムーズに回すこととリズムよく跳び続けることがこの運動の成功のポイントとなります。

01　前回し跳び

まずは，なわを前方に回して跳ぶ「前回し跳び」です。この前回し跳びのなわ回しが様々な技の基本となります。取り組みはじめは，なわを大きく回し，そのなわが足下に来るタイミングに合わせてジャンプをします。なわに引っかからずに10回程度続けて跳べることを目標にします。

ゆっくりなななわのスピードから始め，慣れてきたら徐々にスピードを速めて，30秒間に70〜90回程度跳べるようにするとよいでしょう。なわのスピードが遅いときには，なわが1回回る間に小さいジャンプをしてタイミングを合わせる1回旋2跳躍といわれる方法で

前回し跳び，後ろ回し跳び，あや跳び，交差跳び，二重回し跳び

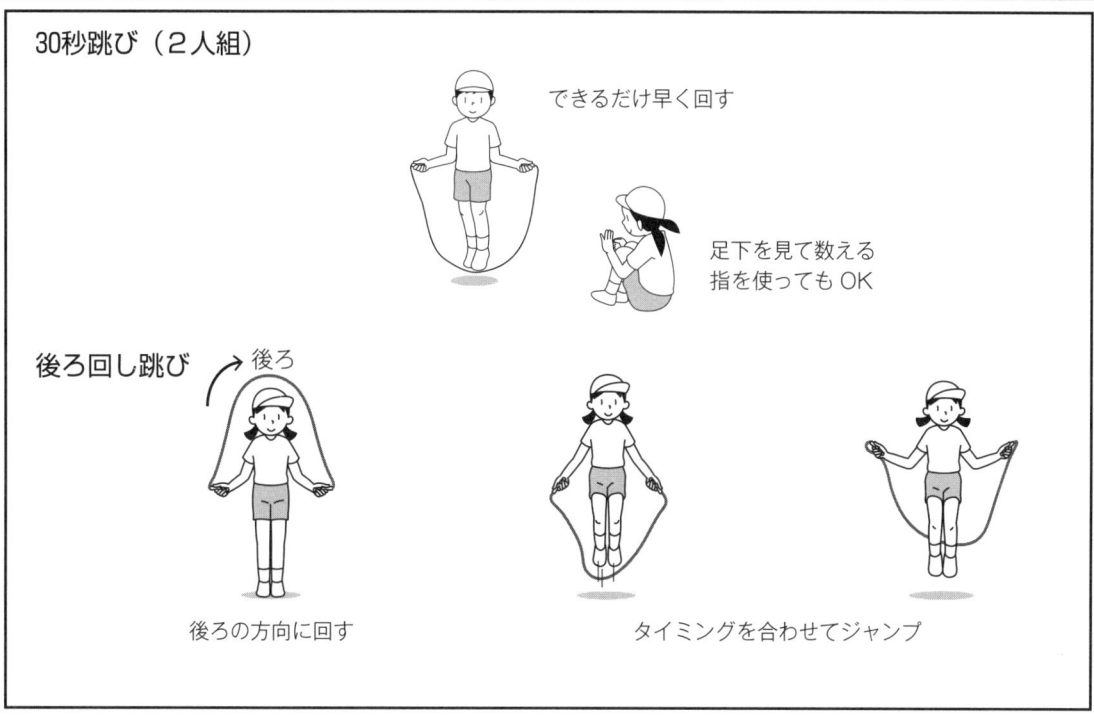

30秒跳び（2人組）

できるだけ早く回す

足下を見て数える
指を使ってもOK

後ろ回し跳び　→後ろ

後ろの方向に回す

タイミングを合わせてジャンプ

跳び続けます。これは，手足の動きのリズムを合わせたり，ジャンプをしやすくする方法です。

なわのスピードを速くしていくと1回旋1跳躍になります。このときは，つま先の方を使った軽やかなジャンプができるようになることを目指します。

なわの回し方は，はじめは肩を支点にして大きく腕を回してしまいますが，なわの操作に慣れてきたら脇を締めて，手首を使ったなわ回しになります。

手足の協調動作を身につけ，高めるために30秒間で何回跳べるかという「30秒跳び」にチャレンジします。30秒跳びは2人組で行います。1人がなわを跳んで，ペアの子が跳んだ回数を数えます。同じ条件で挑戦するので，上達する様子が記録とともに表れてきます。

02　後ろ回し跳び

後ろ回し跳びは，なわを後方に回旋させます。背中側からなわが回ってくるのでジャンプするタイミングを合わせにくくなります。そのため，はじめは，腕を大きく使ってなわを回してしまいます。それに合わせて高くジャンプしてしまいます。

また，足の裏全体が床に着いてしまい，体育館で取り組んでいると足音が「ドンドン」と大きくなります。音の違いに気づかせるとジャンプの方法も変わってきます。

前回し跳びと同じように手首を使ったスムーズななわ回しを目指させます。スムーズになわを回せるとジャンプのタイミングも合わせやすくなります。手の位置は，腰よりも背中に近い位置で回すと跳びやすくなります。

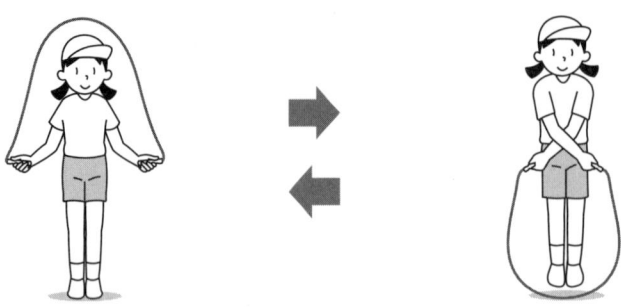

あや跳び（交差跳び）

前回し跳びと交差跳びを交互に繰り返す

手の動かし方の確認（8の字）

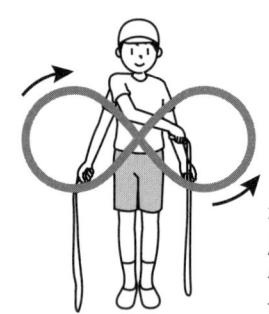

なわを片手に持って体の前で8の字
片手ができるようになったら，両手に
それぞれなわを1本ずつ持ってあや跳
びのように動かしてみる

最終的には，30秒跳びで60〜70回程度跳べるようになるとよいでしょう。

03 あや跳び

あや跳びは，前回し跳びと体の前で手を交差させる交差跳びを交互に繰り返す跳び方です。

子どもたちにとっては，なわの回し方が複雑な動きです。そのためはじめは，なわを持った手の動きだけを確認します。片手になわを持って，体の前で「8」を書くようになわを動かします。左右どちらも回すことができたら，それぞれに1本ずつなわを持って手の動かし方を確認します。

実際に手足を同時に動かすとそれまでできていた8の動きができなくなる場合もありま

す。そのためゆっくりとなわを回すことを意識させます。また，交差させて跳ぶ直前に手が広がってしまう場合もあるので子ども同士で確認させましょう。

はじめは，ゆっくりのリズムで10回程度跳ぶことを目指します。慣れてきたら，なわを回すスピードを速くして跳ぶことにも挑戦しましょう。

前方へのあや跳びに慣れてきたら後ろあや跳びに挑戦するようにしましょう。後ろあや跳びに取り組む場合も手足の動きを分けて練習するとよいでしょう。

04 交差跳び

交差跳びは，体の前で手を交差させた状態のまま跳び続ける方法です。

二重回し

前回し跳びでリズムを整える

2回旋目を早く回す

かいだん二重回し

高くジャンプしている間に2回回す

膝を曲げて着地

前回し跳びで
リズムを整える

肘を体の脇に固定して手首を使ってなわを回さなければなりません。後ろ方向へのなわ回しは，手首を使う感覚が同じですのであわせて取り組むようにしましょう。

05 二重回し跳び

1回ジャンプする間になわをすばやく2回回す跳び方です。

一見すると2回とも同じスピードでなわを回しているように見えますが，2回目の回旋を強く速く回すようにします。「ひゅ・ひゅん」というようになわの音がするようになります。なわを回す力加減が重要になります。

この場合も手足を協調させる動きの練習から取り組みます。はじめは，手の動きとジャンプのタイミングを合わせる練習をします。一度ジャンプしている間に2回手をたたきま

す。なわ回しのリズムをこれで確認します。10回程度続けられるようにしましょう。

次に，実際になわを回して跳ぶことに挑戦します。高くジャンプをしている間になわを2回旋させます。着地のときにしゃがみ込んだ姿勢になっても構いません。その後に前回しで体勢を整えて再び高いジャンプをして2回旋させることを繰り返し行います。これを「かいだん二重回し」と呼んでいます。

このような練習を繰り返すことで手足の協調動作を身につけ，高めていくことができます。

慣れてくると10回以上跳べるようになります。長く跳び続けることを目指すことによって一定のリズムで手足を協調させることができます。

逆さ感覚
回転感覚
腕支持感覚
体の締めの感覚
手足の協調
潜る・浮く、水中での息つぎ
振動感覚
ボールの投補
相手のいないところをみつける

手足の協調

齋藤　直人

手足の協調の各教材の中から
・クロール
・平泳ぎ
を取り上げます

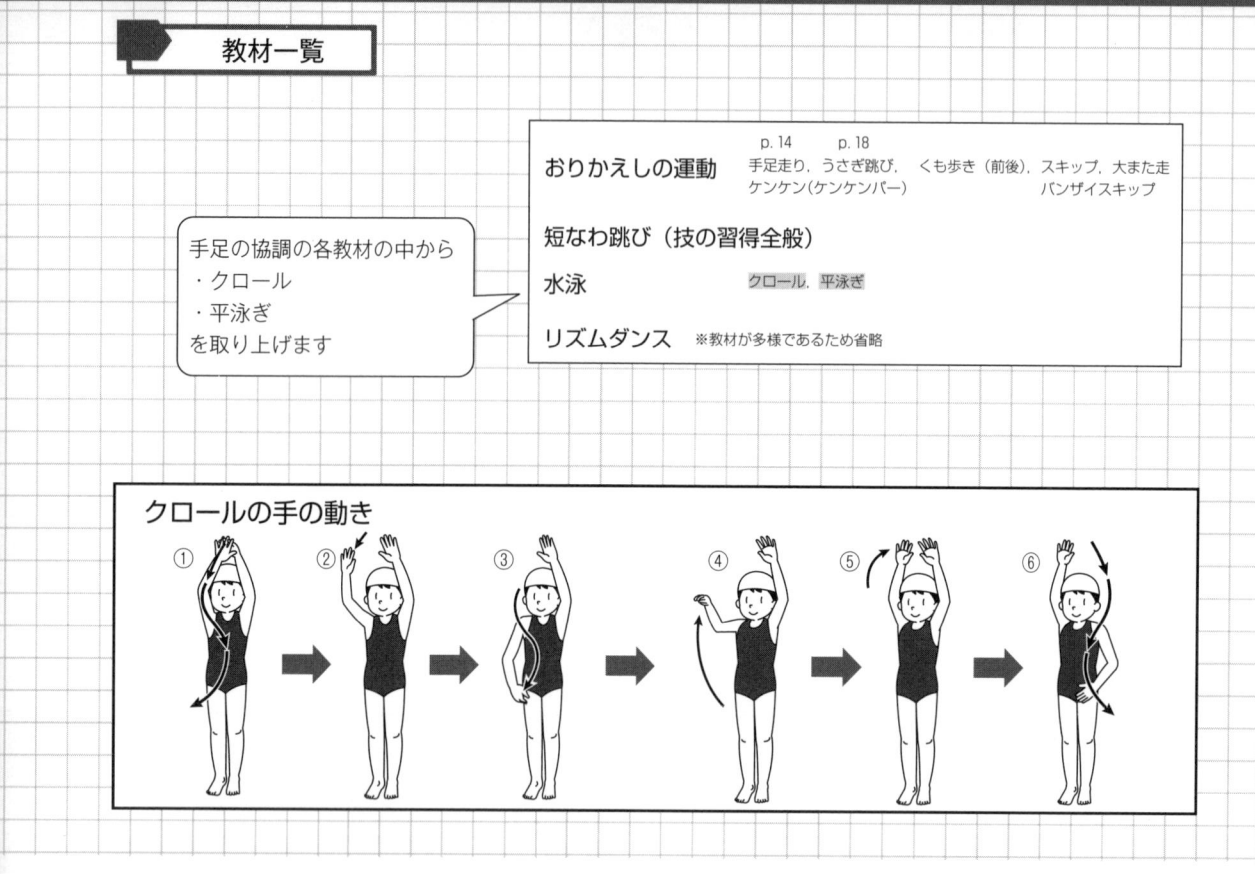

クロールの手の動き

本項では，水泳学習における手足の協調を高める運動について紹介します。手の動きと足の動きを理解し，手足の協調を高めることがスムーズな泳ぎにつながります。ここでは，クロールと平泳ぎについて取り上げます。

クロールの手の動き

まずはクロールの手の動きについてです。水中で行う前に，プールサイドなど水の外で正しい動きを確認します。友達同士で動きを確認し合うとよいでしょう。

①両手を上げて，頭の上で手のひらを重ねた姿勢をとります。②頭の前の方から手をかき始めて，体の前の方を通るようにします。

③そのまま手を下ろしながら，太腿までかききるようにしましょう。アルファベットの「S」の字を書くように動かしましょう。④体の後ろ側へ肘を上げて，⑤肘を伸ばしながら手を上げて，元の姿勢に戻していきましょう。

⑥反対の手も同様に動かして，水をかく練習をしましょう。

クロールの手の動きは，イメージだけだと腕をただ回してしまい，上手に水をつかむことができないことがあります。

動きを確認したら，水の中を歩きながら水をかく練習をしたり，ビート板を足に挟んで手のかきだけで進む練習をしたりしましょう。

クロール，平泳ぎ

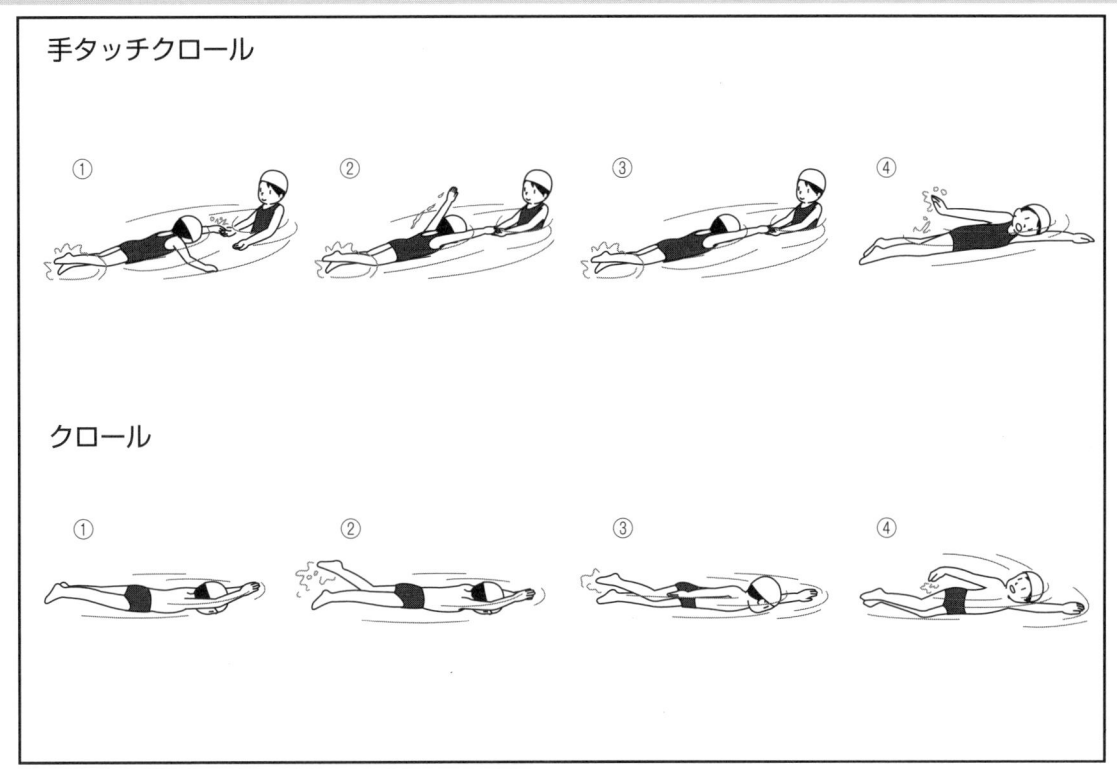

手タッチクロール

① ② ③ ④

クロール

① ② ③ ④

02 手タッチクロール

　泳ぎながら手足の協調を身につけていきます。ここでは，2人組で仲間に手を支えてもらいながら泳ぎます。仲間に引っぱってもらうことで，手足の協調に集中することができます。

　①友達に手を持ってもらいながら，ばた足をします。安定してきたら手をかき始めます。お手伝いの子は，手をお皿のようにして，ゆっくり後ろに下がりながら引っぱりましょう。②手をゆっくり大きく動かすことを意識させましょう。③かき終わったら，手をお手伝いの子の手の上に乗せます。④左右のやりやすい方で息つぎをします。顔を高く上げすぎないように意識させましょう。

03 クロール

　ばた足，手の動き，息つぎを組み合わせて，クロールを泳ぎます。

　①壁を蹴ってスタートして，けのびの姿勢になります。頭が上がらないように気をつけましょう。②浮いてきたら，ばた足を始めます。③ばた足だけで少し進んだら，手で水をかき始めて，太腿までしっかりとかききります。いきなり手足を同時に動かすとリズムがとりづらいことがあります。④手を水から抜いたタイミングで息つぎをします。息つぎをするときに，ばた足が疎かになり体が沈むことがあるので，ばた足をやめないように声をかけましょう。

逆さ感覚

回転感覚

腕支持感覚

体の締めの感覚

手足の協調

潜る・浮く，水中での息つぎ

振動感覚

ボールの投補

相手のいないところをみつける

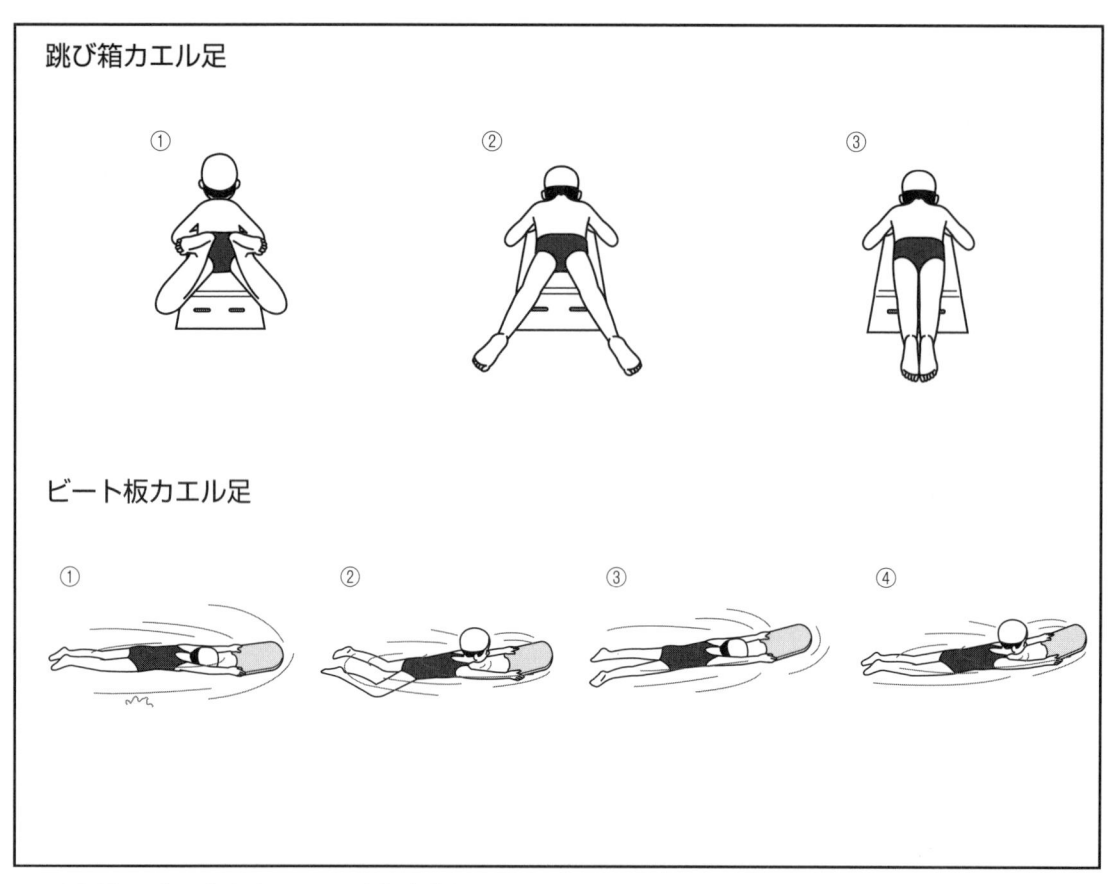

跳び箱カエル足

① ② ③

ビート板カエル足

① ② ③ ④

平泳ぎは手の動きも，足の動きも複雑です。どちらも正しく動かせるように，陸上での動きの確認や練習が大切です。

04 跳び箱カエル足（平泳ぎの足の動き）

平泳ぎの足は「イチ」「ニィ」「サァ〜ン」と別々の姿勢を順番に動かしていきます。

①「イチ」の姿勢は，膝と足首をしっかり曲げ，かかとをお尻の方に引きつけた姿勢です。足の裏は上か後ろを向くようにします。

②「ニィ」の姿勢は，膝は閉じずに足首を曲げたまま，かかとから押し出すように足を伸ばします。

③「サァ〜ン」の姿勢は，水を挟み込むようにして，足をしっかり閉じます。

05 ビート板カエル足（息つぎあり）

跳び箱の上やプールの壁をつかんでカエル足の練習をしたら，ビート板を使って練習をします。まずは，ビート板の先を持ち，顔を上げたまま足の動きを確認します。

少し慣れてきたら，①ビート板の手前を持ち，顔を水につけてけのびをします。②けのびの姿勢から「バッ！」と呼吸をします。同時に「イチ」の姿勢になります。③顔を水の中に入れるのと同時に「ニィ」「サァ〜ン」のリズムで，足を伸ばして水を蹴り，足を閉じます。④けのびの姿勢で伸びてから「バッ！」と呼吸をして，「イチ」の姿勢から繰り返していきます。

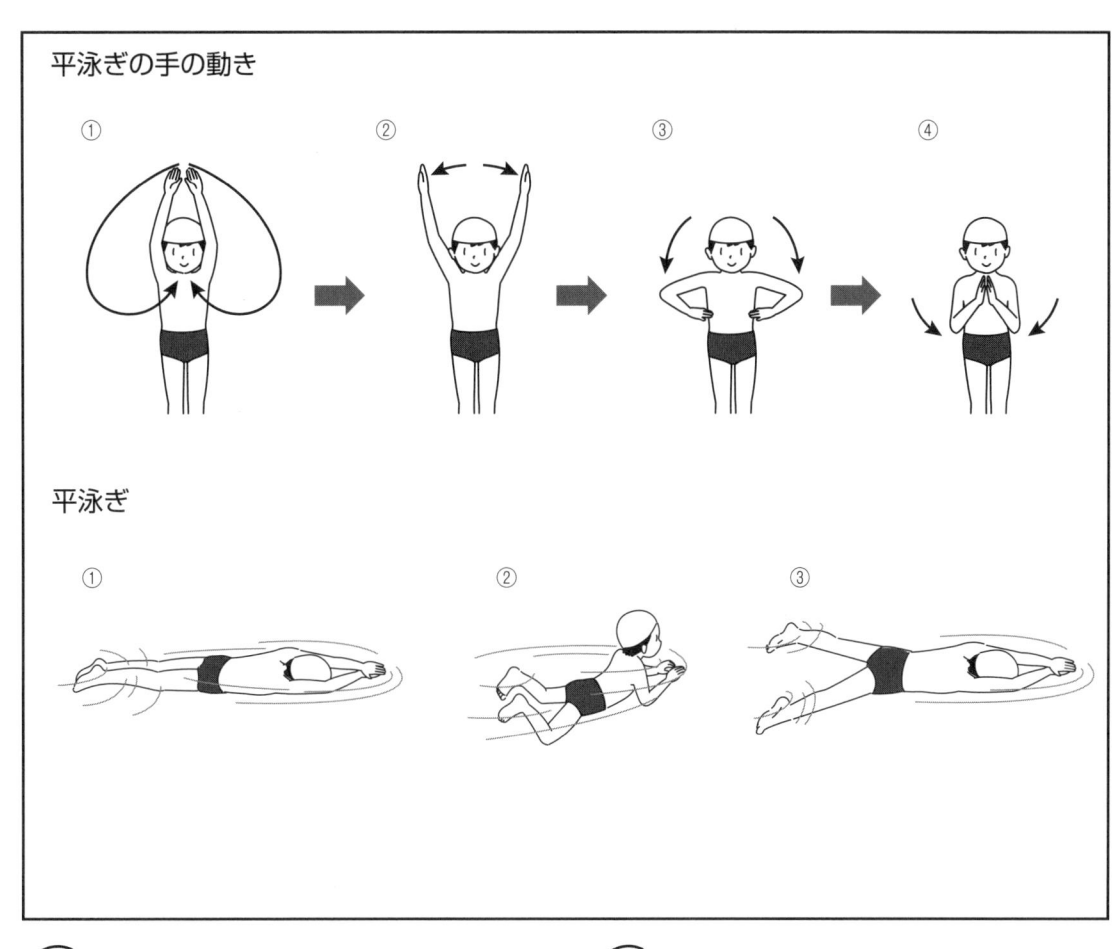

平泳ぎの手の動き

① ② ③ ④

平泳ぎ

① ② ③

逆さ感覚

回転感覚

腕支持感覚

体の締めの感覚

手足の協調

潜る・浮く、水中での息つぎ

振動感覚

ボールの投補

相手のいないところをみつける

06 平泳ぎの手の動き

クロールの手の動きの確認と同様にプールサイドなど水の外で正しい動きを確認します。①両手をまっすぐ上に伸ばして，けのびの姿勢をとります。②手のひらを外側に向けながら，肘の力を抜いて手を下ろしていきます。③肘を曲げ，手を肩幅に広げてから手のひらを下に向けて，肘が上に，指先が下になるように手のひらからゆっくり下ろしていきます。④脇を締めて，顔の下で手を揃えます。そこからまっすぐに腕を伸ばして，けのびの姿勢に戻ります。

このように陸上でていねいに確認することが大切です。

07 平泳ぎ（1キック・1ストローク）

1回のカエル足，1回の手のかきで，平泳ぎの手足の協調を身につけていきましょう。

①まずは，壁を蹴って「けのび」の姿勢でスタートします。②手で水をかき，脇を締めて顔を上げて「バッ！」と息つぎをすると同時に足は「イチ」の姿勢になります。③顔を水の中に入れるのと同時に，手はまっすぐに伸ばし，足は「ニィ」「サァ〜ン」の姿勢を経過させながら閉じて，「けのび」をします。

「けって〜！　パッ！」や「イチ，ニィ・サァ〜ン」のリズムを意識させて，手足をスムーズに協調させましょう。

潜る・浮く，水中での息つぎ

齋藤　直人

教材一覧

潜る・浮く，水中での息つぎの
各教材の中から
・シャワー　・おじぞうさん
・顔つけ　・手つなぎもぐり
・ブー・バッ！
・水中ジャンケン　・床タッチ
・浮き遊び
を取り上げます

水慣れの運動
　シャワー，顔洗い，ジャンケン列車，カニ歩き，
　ワニ歩き，水中かけっこ，おじぞうさん

潜る遊び
　顔つけ，手つなぎもぐり，トンネルくぐり，
　水中ジャンケン，床タッチ，でんぐり返し，水中逆立ち

浮く遊び
　だるま浮き，くらげ浮き，大の字浮き，ふし浮き，変身浮き，
　いかだ引き，水中ドリブル，水中花，ラッコ浮き，背浮き

水中での息つぎの教材
　ブー・バッ！（1人→2人），進みながらボビング

シャワー

おじぞうさん

　本項では，水泳学習に関連する「潜る・浮く，水中での息つぎ」の基礎感覚・技能を身につける運動を紹介します。

　水泳学習の基礎基本であり，子どもたちが泳げるようになるためのベースになるのが，「潜る・浮く・息つぎ」です。水に対する恐怖心や抵抗感を小さくするだけではなく，「泳ぐ」ことにつながる大切な基礎感覚や技能です。どの学年でも泳力別に取り組むのではなく，一斉指導において，全体のボトムアップを図りましょう。

01　シャワー

　「シャワー」は運動ではないと思われる方もいらっしゃると思いますが，これも基礎感覚を身につける上では，非常に重要です。特

に，水泳学習に慣れていない低学年の中には，シャワーの水に対しても恐怖心を抱いている子がいます。

　そこで，毎回の授業のはじめに行うシャワーの時間も，「全員で上を向いてみよう」「水が落ちてきても怖くないよ」「声を出さずにシャワーを浴びられたら合格」「目も開けられたらスゴイ」というように，なるべく顔に水がかかるようにしながら，水慣れを進めます。不安な子には友達や教師が一緒に手をつないで安心感を与えながら取り組むのもよいでしょう。

02　おじぞうさん

　これも水が顔にかかることを通して水に慣れる運動です。2人1組になり，おじぞうさ

シャワー，おじぞうさん，顔つけ，手つなぎもぐり，ブー・バッ！，水中ジャンケン，床タッチ，浮き遊び

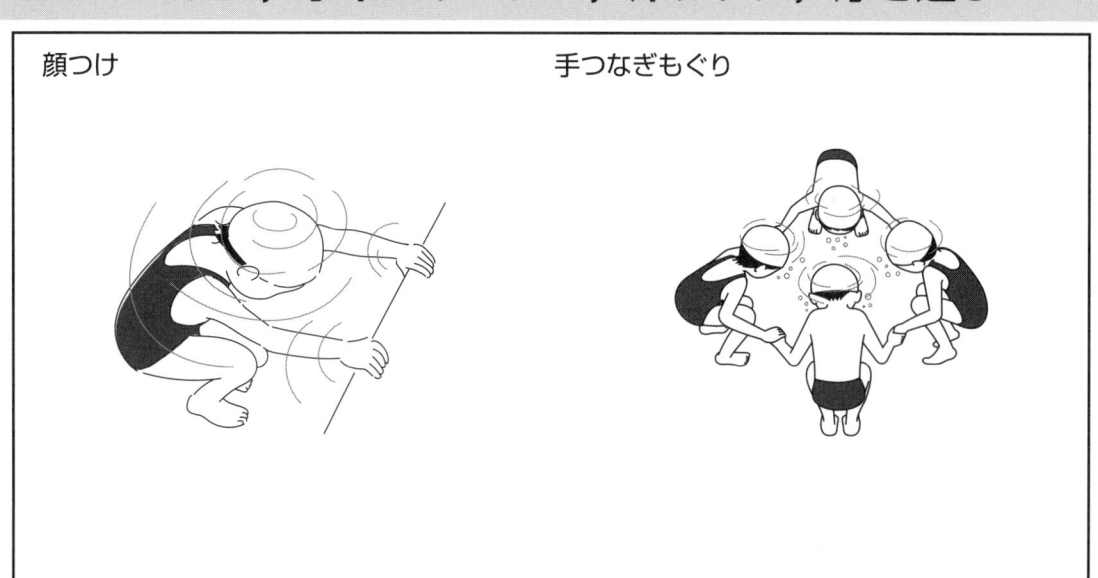

顔つけ　　　　　　　　　　　　　　手つなぎもぐり

ん役の友達に水をかけます。おじぞうさん役は動いてはいけません。盛り上がってくると徐々に距離が近づきすぎてしまうことがあるので，プールの壁を使うなどして，距離が一定に保てるようにしましょう。なるべく頭の上から水がかかるように，水を高いところまで投げ上げるように声をかけます。そうすることで，水をかけている子にも水がかかり，気づかないうちに水慣れにつながっていくのです。

03　顔つけ

　プールサイドにつかまり，水に顔をつけます。いきなり顔をすべてつけるのが難しい子もいるので，まずは「口まで」「鼻まで」「耳まで」と少しずつ深く潜れるようにステップアップしていきます。「目まで」や「頭のてっぺんまで」となるとチャレンジしない子も出てくるかもしれないので，教師が手をつないであげるなど安心感をもって取り組ませま

す。ここで，挑戦することをやめさせてしまうと，この先の水泳授業がその子にとってつらいだけのものになってしまいます。小さな成長や頑張りを称賛しながら，継続的に取り組めるようにしましょう。息をたっぷり吸い込んで，顔を水に10秒間つけることを目指しましょう（耳も水に入れられると浮く感覚にもつながります）。

04　手つなぎもぐり

　2人1組や4人1組で手をつなぎ，「顔つけ」のように，少しずつ深く潜っていきます。手をつなぐことで安心して取り組めます。また，水から出た後も手をつないだままにするように声をかけ，少しでも水が顔に流れていることに慣れさせましょう。肩まで沈んでから，顔をつけることで恐怖心はやわらぎます。全員で手をつないだまま10秒間潜り，水から出ても手を離さないことを目指しましょう。

逆さ感覚

回転感覚

腕支持感覚

体の締めの感覚

手足の協調

潜る・浮く，水中での息つぎ

振動感覚

ボールの投捕

相手のいないところをみつける

ブー・バッ！

1人　　　　　　　　　　　　　2人

ブー

バッ！

水中ジャンケン

05　ブー・バッ！（1人→2人）

　水の中に潜り，鼻から息を出し，水中から出たときに大きく「バッ！」と言うことで，体の中に息が入ってきます。これが，息つぎの第一歩です。この感覚を身につける運動が「ブー・バッ！」です。口を大きく開けて息を吸い，口を閉じて息を止めて，頭まで潜ります。水中では**「ンー」**と言いながら鼻から息を出します（耳にはブーと聞こえます）。息を吐ききったら水中から出て，**大きな声で「バッ！」と言い**，体に空気を入れます。慣れてきたら，5回，10回と連続して「ブー・バッ！」ができるようにしましょう。

　また，2人組で向き合って両手をつなぎ，タイミングを合わせて，「ブー・バッ！」ができるかにも挑戦しましょう。水中で目を開ける練習にもなります。

06　水中ジャンケン

　道具を使わずに，「潜る・水中で目を開ける・息つぎ」の感覚を高めることができるのが，水中ジャンケンです。2人1組になり，大きく息を吸い込んで，水中に潜ります。同時に潜り，ジャンケンをします。タイミングが合うように，また，勝敗が水中でわかるように目を開けるよう声をかけます。水に出てから勝敗を確認したらジャンケンはやり直すルールにするとよいかもしれません。

　また，アレンジとしては，ジャンケンをして負けた方が水中で足を開いてトンネルをつくり，勝った方が相手のトンネルをくぐるというゲームがあります。「勝った方が潜る」というルールにすることで，3人に勝ったらあがりというゲームにしても，潜らずに終わる子が出ません。

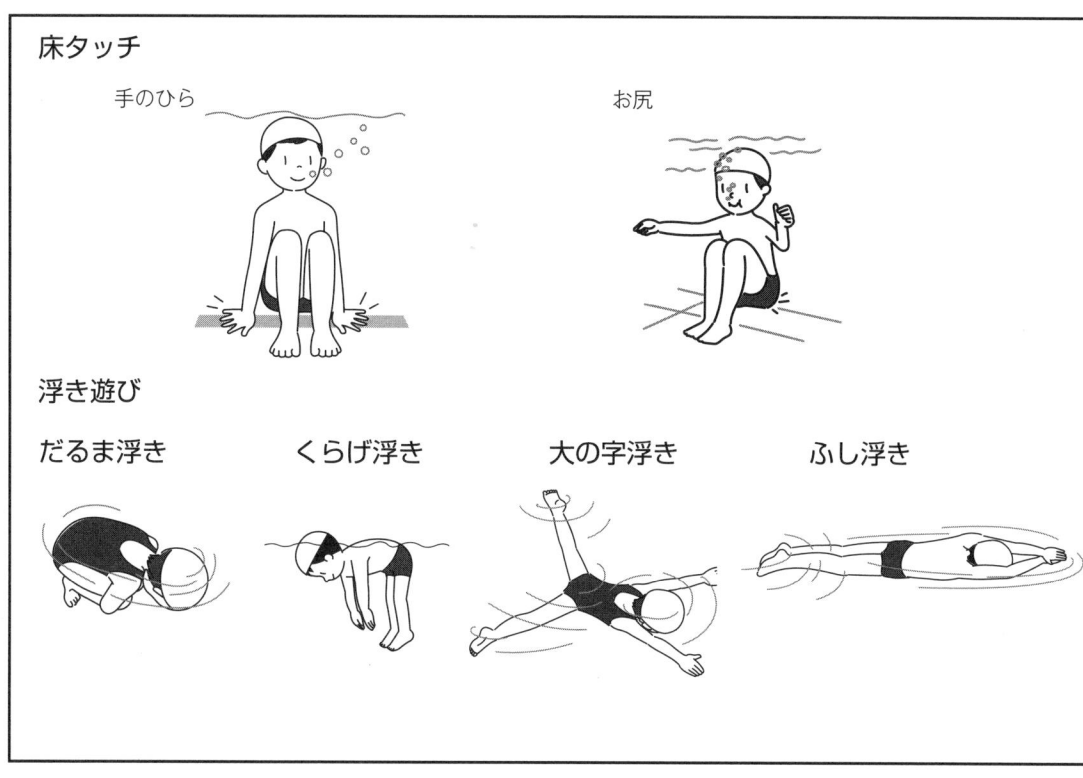

床タッチ

手のひら

お尻

浮き遊び

だるま浮き　　くらげ浮き　　大の字浮き　　ふし浮き

逆さ感覚
回転感覚
腕支持感覚
体の締めの感覚
手足の協調
潜る・浮く，水中での息つぎ
振動感覚
ボールの投補
相手のいないところをみつける

07　床タッチ

　体のいろいろなところをプールの床につけます。安全のために目を開けて取り組むように声をかけます。はじめは，手のひらや肘などから始めましょう。1回タッチではなく，3回タッチにすれば，「ブー・バッ!」も自然と行うようになります。頭やお尻，背中などをつけることにも挑戦させましょう。鼻から息を出す（水中で「ンー」と言う）ことで，体の中の空気が減り，体が沈みやすくなることも意識させるとよいでしょう。上手になってくると，胸・腹・足まで全身が床に着くようになります。

08　浮き遊び

　息を吸い込み，顔を水につけて耳を沈めて，体の力を抜いて長く浮くことに挑戦します。

①だるま浮き

　肩まで沈み，大きく息を吸って，膝を抱えて浮きます。おへそを見るようにして，しっかりと膝を抱えます。はじめは体が沈みますが，姿勢を崩さなければ，しばらくすると浮いてきます。

②くらげ浮き

　だるま浮き同様に，肩まで沈み，顔を水につけます。手と足の力を抜いて，リラックスしてくらげのように浮きます。

③大の字浮き

　くらげ浮きのように手と足が床から離れ，体が浮き出したら，手と足を大きく広げて漢字の「大」の字をつくります。顎を引いてお腹をへこませると浮きやすくなります。

④ふし浮き

　大の字浮きから手と足を閉じて体を伸ばして浮きます。浮いてくるまで待ちましょう。

振動感覚

平川　譲

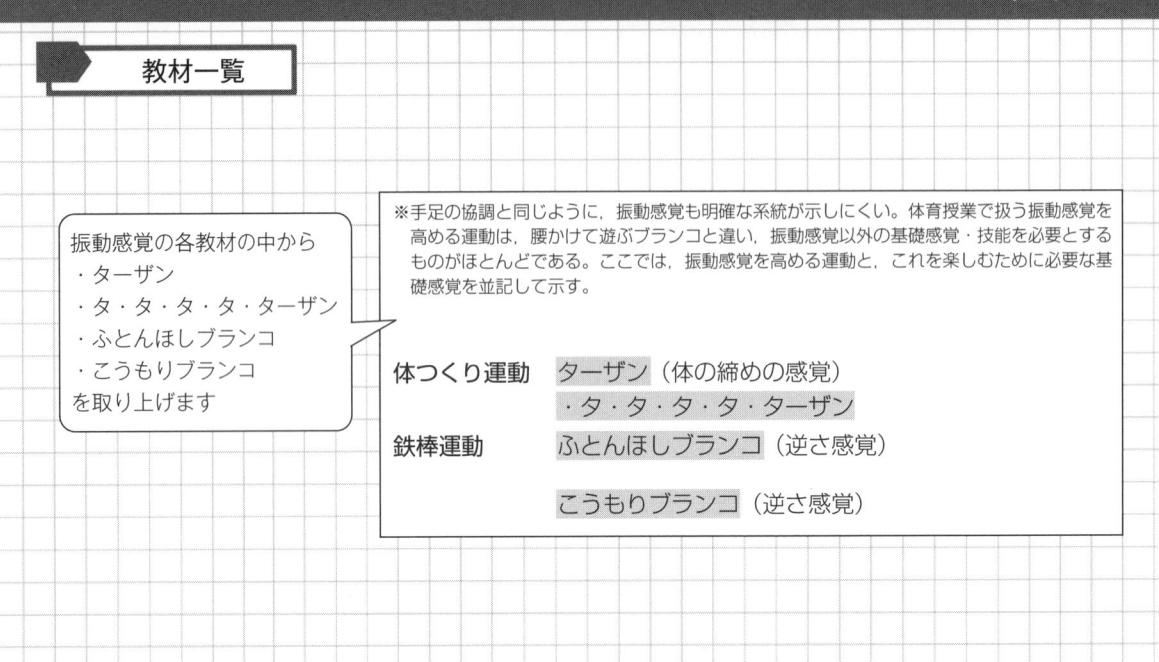

教材一覧

振動感覚の各教材の中から
・ターザン
・タ・タ・タ・タ・ターザン
・ふとんほしブランコ
・こうもりブランコ
を取り上げます

※手足の協調と同じように，振動感覚も明確な系統が示しにくい。体育授業で扱う振動感覚を高める運動は，腰かけて遊ぶブランコと違い，振動感覚以外の基礎感覚・技能を必要とするものがほとんどである。ここでは，振動感覚を高める運動と，これを楽しむために必要な基礎感覚を並記して示す。

体つくり運動　ターザン（体の締めの感覚）
　　　　　　　・タ・タ・タ・タ・ターザン
鉄棒運動　　　ふとんほしブランコ（逆さ感覚）

　　　　　　　こうもりブランコ（逆さ感覚）

振動感覚について

　本書では，体が揺れる感覚と，運動によって自分の体を揺らす感覚を含めて振動感覚と捉えます。体育授業では揺れているロープにぶら下がって体が揺れる感覚を高めるところから始めて，自分の運動で体を揺らす感覚まで高めていきたいと考えています。

　ブランコを例に説明します。

　幼児が初めてブランコに乗る場合，大人が優しく，わずかな振動幅で揺らしてやります。ブランコを吊り下げている鎖をしっかり握って落下の心配がなくなり，振動にも慣れてきたら，押す力を強めて振動幅を大きくしていきます。ここまでが，体が揺れる感覚を高める段階です。

　さらに経験を積むと，自分の膝の屈伸で振動を継続したり，大きくしたりすることがで

きるようになっていきます。これが自分の運動で体を揺らす感覚となります。

　体育授業では体を揺らすだけでは終わらせずに，その先のダイナミックな運動につなげていく指導課程がほとんどです。自分の体を大きく振動させることで楽しめる運動が増えますので，上の図の（　）内の感覚とあわせて計画的，継続的に高めていくようにしたいものです。

02 系統を示せない

　前項までの「手足の協調」と同じように，振動感覚を高める教材は明確な系統が示しにくい領域です。授業で扱う教材数が少ないことと，振動感覚以外の基礎感覚・技能を必要とすることがその理由です。

　ここでは，揺れる感覚を高める教材としてターザン，自分の体を揺らす感覚を高める教

ターザン，タ・タ・タ・タ・ターザン，ふとんほしブランコ，こうもりブランコ

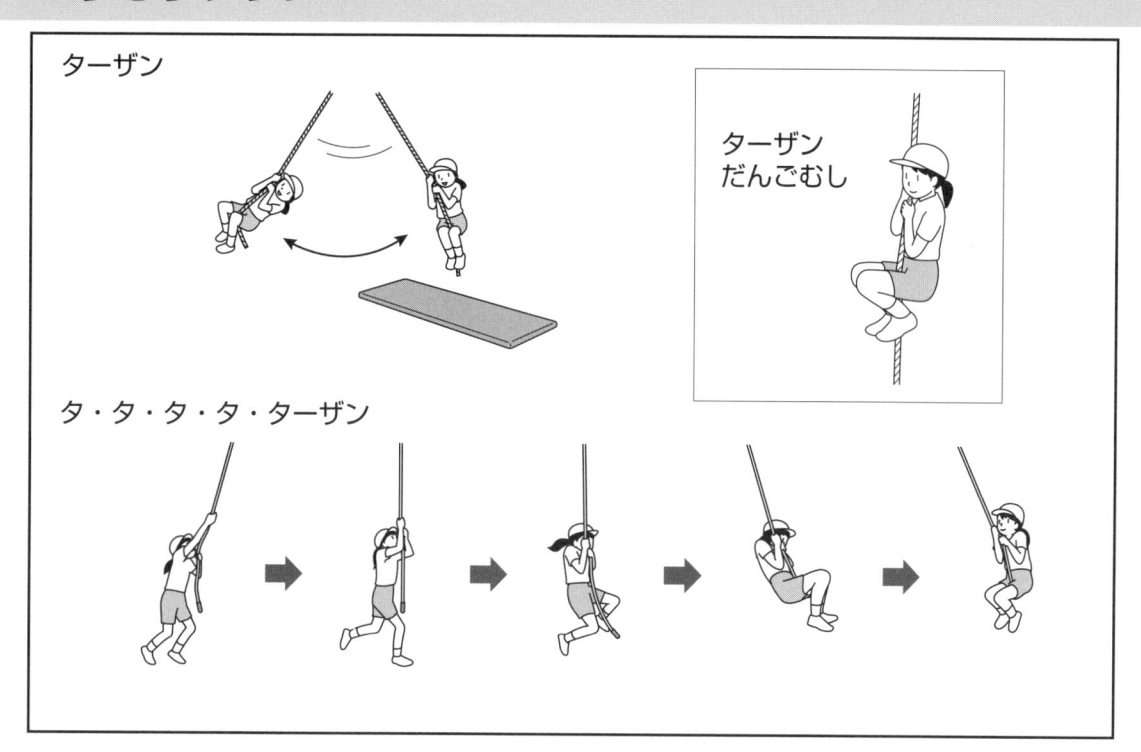

材としてふとんほしブランコ，こうもりブランコを紹介します。既に本書で扱っている教材の振動に焦点を当てていきます。

03 揺れる感覚を高める運動

①ターザン

　クライミングロープにぶら下がって揺れる教材です。一定時間ぶら下がっているため，左ページ上の図で示したように，体の締めの感覚を高めておくことが必要な教材です。

　ロープの最下部を結んでコブを作り，これを足場にしてロープをつかんだり，コブに腰かけるようにしたりすれば，自分で揺らすことも可能になるかもしれませんが，多くの運動の上達に必要となる，体の締めの感覚を高めておくためにも，クライミングロープにはコブを作らないことをおすすめします。

　ターザンだんごむしが5〜10秒保持できるようになったら，クライミングロープの真下からずれた位置でロープにしがみついて，振り子の要領で振動を楽しみます。

　本校体育室の場合は，高さ約5mの位置からロープが吊り下げられています。壁からの距離は約2mですから，最大振幅2mの振動になります。

　ロープが1往復，2往復と振動する間，だんごむしを保持できるかを課題とします。制止したロープで10秒間できれば，3往復程度は保持が可能です。

②タ・タ・タ・タ・ターザン

　2〜3往復できた子は，走りながら勢いをつけてロープにしがみつく「タ・タ・タ・タ・ターザン」も楽しめます。「タ・タ・タ・タ」は，ロープにしがみつく前の助走を擬音語で

ふとんほしブランコ

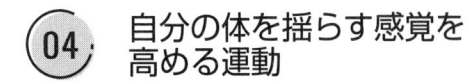

お手伝い　　　　　　　　　　　教師補助

表しています。

　ロープを握る位置を変えずに助走すると，ロープの吊り下げ位置の真下でロープが少したるみます。そのまましがみつくと，たるんだロープが体重で伸ばされるショックがあります。これを防ぐために，助走前に少し高いところを握って，助走しながら下に引っ張るように指示しておきます。助走の勢いと，ロープにしがみつくタイミングがうまくいくと，振動して戻ってきたときに壁を蹴飛ばして，さらに振動を大きくすることも可能です。

04 自分の体を揺らす感覚を高める運動

①ふとんほしブランコ

　51ページで紹介している運動「ふとんほしで揺れてみよう」と同じです。先に述べているように「だるま回り」につながる運動です

が，振動を大きくしていく課題で楽しむこともできます。

　ふとんほしの姿勢で，鉄棒の下から手を伸ばして腿をつかみます。この姿勢から膝の屈伸で体を振動させます。

　子ども達に「膝を曲げたり伸ばしたりして揺れるのが何かに似てない？」と問うと，「ブランコ」と答えます。このことから「ふとんほしブランコ」と呼んでいます。

　逆さ感覚が十分に高まっていて，ブランコ遊びの経験が豊富な子はすぐに振動できますが，なかなか振動できない子もいます。仲間が，「伸ばして〜・曲げて」と繰り返し声をかけたり，背中と腿を交互に押して振動をお手伝いしたりして，膝の屈伸のタイミングをつかませていきます。それでもなかなか振動が大きくならない子には，教師の補助が必要

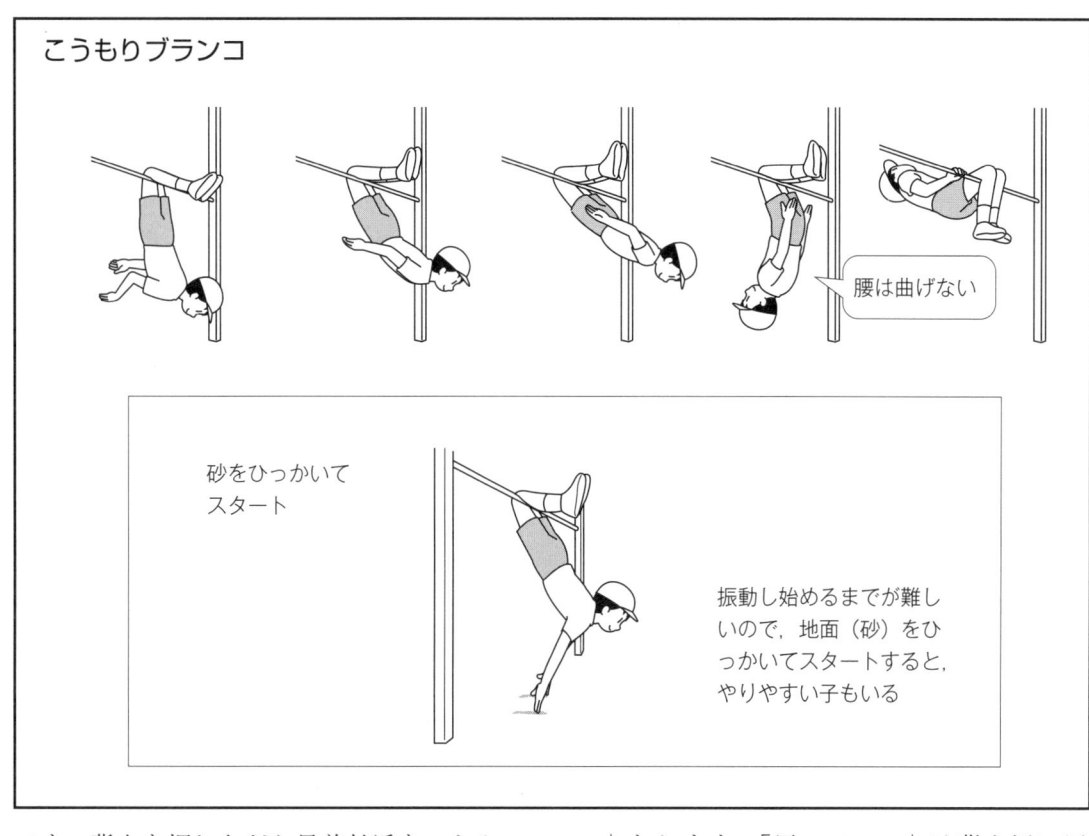

こうもりブランコ

砂をひっかいて
スタート

腰は曲げない

振動し始めるまでが難しいので，地面（砂）をひっかいてスタートすると，やりやすい子もいる

逆さ感覚

回転感覚

腕支持感覚

体の締めの感覚

手足の協調

潜る・浮く，水中での息つぎ

振動感覚

ボールの投補

相手のいないところをみつける

です。背中を押しながら足首付近をつかみ，「伸ばして〜・曲げて」と口伴奏をしながら膝の曲げ伸ばしを補助します。

　振動が大きくなってきたら51ページにもあるように，肘をしっかり回転補助具に押しつけます。これをしないと，背中側に大きく振動したときに脇でぶら下がってしまいます。

②こうもりブランコ

　40ページにもあるように，鉄棒に両膝かけの逆さ（こうもり）姿勢で体を振動させるので「こうもりブランコ」です。

　主に顎を開いたり，引いたりする動きで体を振動させます。この動きに合わせて胸を張る，胸を引っ込めて両肩を前に出す動きができると振動が大きくなっていきます。

　なかなか振動できない子への口伴奏は「反って〜〜・リラックス（または，抜いて）〜

〜」とします。「反って〜〜」は背中側に反るタイミングで顎を開き，胸を張る動きです。お腹側に振動するタイミングで「リラックス〜〜」なのは，落下を防ぐためです。このタイミングで積極的に体を動かすと腰を曲げる運動を誘発して，鉄棒に引っかけている膝が外れやすくなります。両腕を振って振動させようとする動きも，腰の屈曲を誘発しやすい運動となります。参考図書によっては大きく腰を曲げているイラストなどもありますが，十分な注意が必要です。

　振動できるようになったら，40ページの「こうもりブランコ」の４段階の手タッチで楽しむことができます。

ボールの投補

山崎　和人

教材系統図

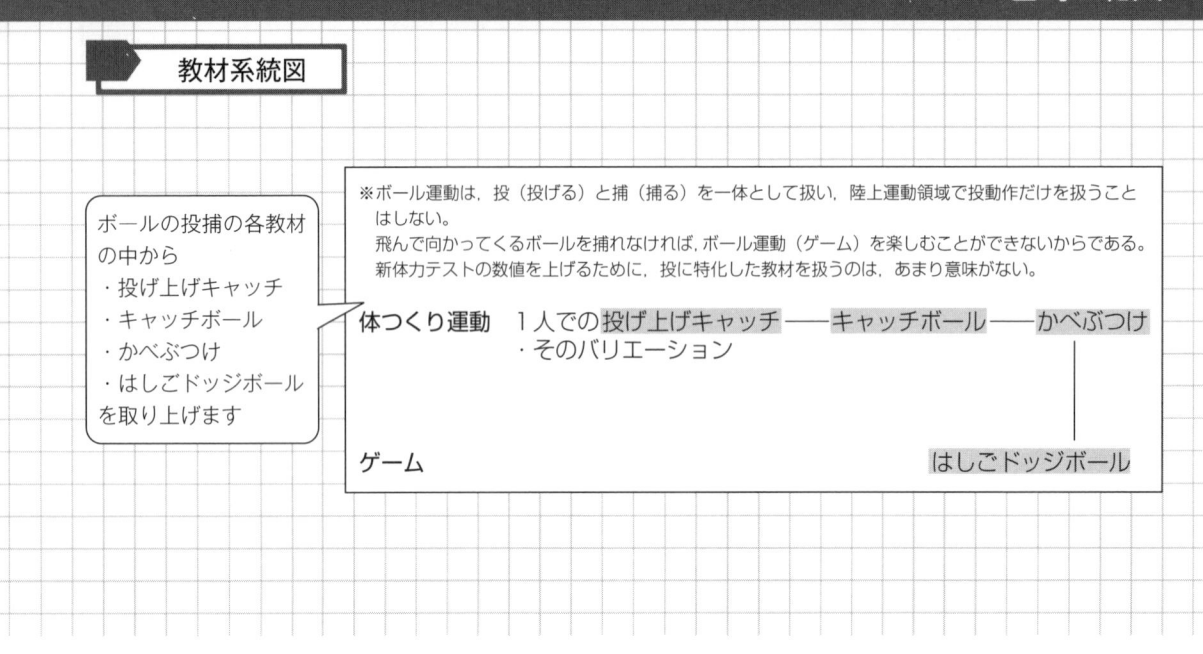

※ボール運動は，投（投げる）と捕（捕る）を一体として扱い，陸上運動領域で投動作だけを扱うことはしない。
飛んで向かってくるボールを捕れなければ，ボール運動（ゲーム）を楽しむことができないからである。
新体力テストの数値を上げるために，投に特化した教材を扱うのは，あまり意味がない。

ボールの投補の各教材の中から
・投げ上げキャッチ
・キャッチボール
・かべうつけ
・はしごドッジボール
を取り上げます

体つくり運動　1人での 投げ上げキャッチ ── キャッチボール ── かべうつけ
・そのバリエーション

ゲーム　　　　　　　　　　　　　　　　　　　　　　　はしごドッジボール

01　ボールの投補技能について

ボールを投げることについて，小学校学習指導要領解説体育編では陸上運動系でも取り扱うことができるとされています。これは，新体力テストの投能力の低下傾向が続いていることへの対策で，学習指導要領改訂の際に，大きな特徴の一つとされました。ですが，ゲームおよびボール運動領域の型で必要とされる力は，投げることだけではありません。味方から受けるパスを捕ったり，相手が打ったボールを捕球したりと，飛んで向かってくるボールを捕球する技能も求められます。そのため，ボールを捕ることができなければ，それぞれの型で行うゲームを楽しむことができません。ですので，投能力のみを高めるのではなく，投補を一体として考えて指導することが望まれます。以上を踏まえて，ボールの投補技能を高める教材を紹介します。

02　投げ上げキャッチ

投補を一体として捉えるときに行うはじめの運動です。下からボールを真上に投げ上げて，キャッチをする運動になります。以下に示すように様々なバリエーションがあります。運動の扱い方は，一度できたら成功として，すぐに新しいものに挑戦するのではなく，3回成功させたら合格とするなど，繰り返し行うとよいでしょう。

〈運動のバリエーション〉

基本：その場で投げ上げキャッチ
・投げ上げ，手たたきキャッチ
・投げ上げ，半回転キャッチ
・投げ上げ，回転キャッチ
・投げ上げ，ダッシュキャッチ
→ボールを少し前に投げ上げ，地面に着く前に走って捕る（衝突を避けるため，広めの場で一方向から行います）。

投げ上げキャッチ，キャッチボール，かべぶつけ，はしごドッジボール

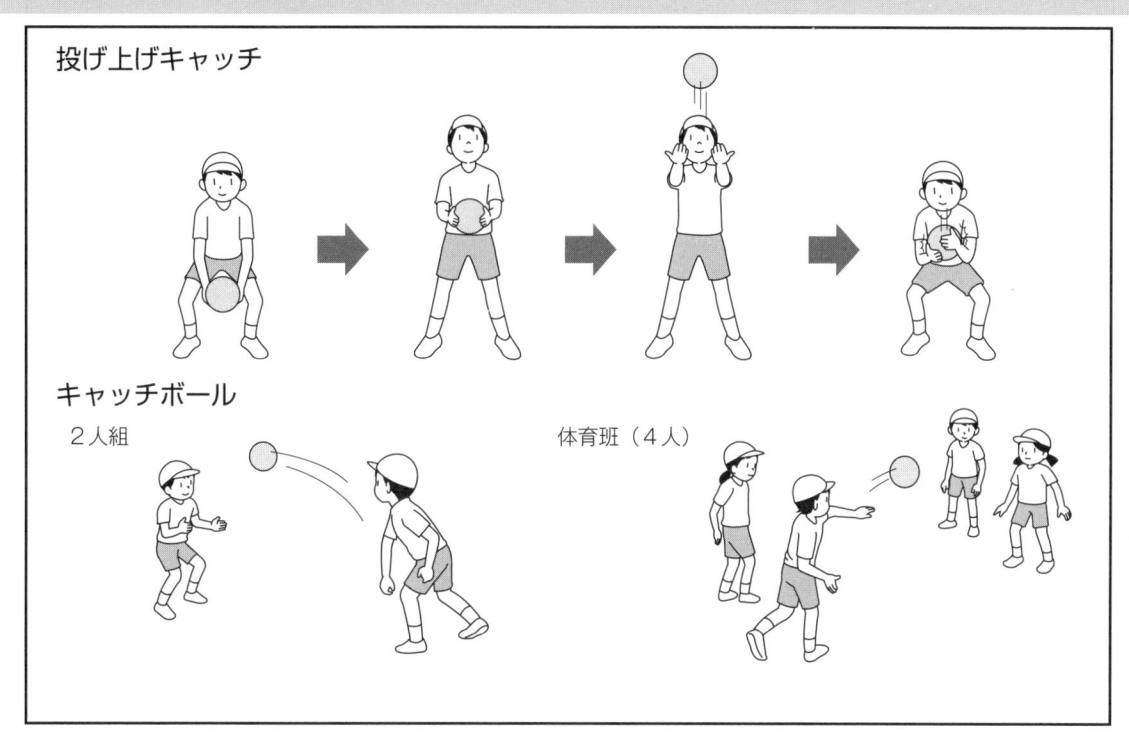

投げ上げキャッチ

キャッチボール

2人組

体育班（4人）

03 キャッチボール

〈運動のバリエーション〉

　基本的に2人組で行う運動です。1年生で行うときには3m程度の距離から始めます。はじめは，投げ上げキャッチと同じように下からボールを投げます。相手から投げられたボールは，手のひらを上に向けてボールを抱えるようにして捕球します。運動に慣れてきたら，徐々に距離を離していきます。あまり距離が離れてしまっても，ボールが届かなくなってしまうので，5m程度の距離までにしておきます。

　キャッチボールは，次ページに紹介する教材のかべぶつけを行い，顔の横からボールを投げることに慣れてきたら，再度行うことで，最後に紹介するはしごドッジボールに取り組みやすくなります。

　制限時間内に何回捕ることができたかや，決められた回数を捕ることができたか等で競わせます。

基本：2人組でのキャッチボール

○体育班（4人組）でのキャッチボール

　2人と2人で分かれ，4人で1つのボールを使います。大きな四角形をつくるのではなく，交互に行うことで，場が広がりすぎずに運動させることができます。

○体育班（4人組）キャッチボールリレー

　3人と1人で分かれ，4人で1つのボールを使います。3人の方は，相手からのボールを捕球した後，投げたら列の後ろに行きます。1人の方は忙しくなりますが，連続して投捕を行うことができます。また教師は，1人の方を中心に観察し，指導ができます。

逆さ感覚
回転感覚
腕支持感覚
体の締めの感覚
手足の協調
潜る・浮く，水中での息つぎ
振動感覚
ボールの投捕
相手のいないところをみつける

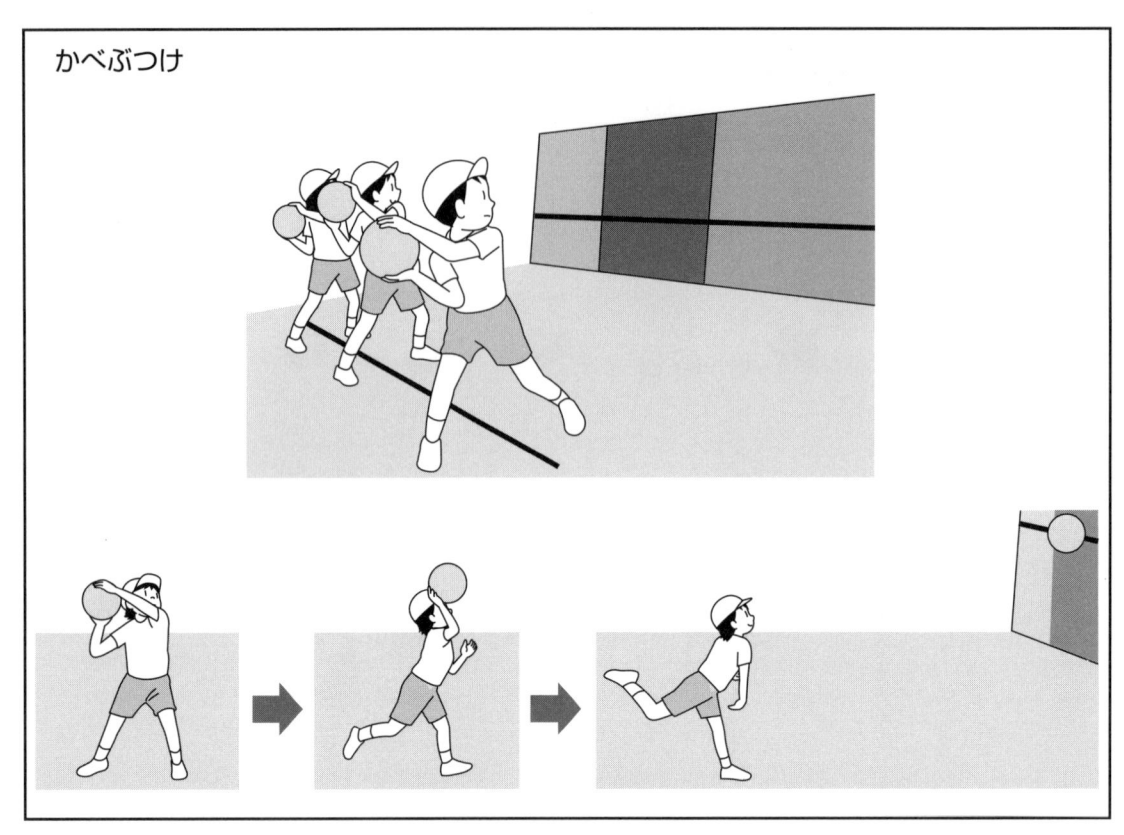

かべぶつけ

04 かべぶつけ

　ボールを抱え込んで捕球することに慣れてきたら，顔の横から強いボールを投げるようにします。片手で持てないときには，両手でボールを持って投げさせます。ここではねらうところは大雑把でも，とにかく思いきりボールを投げることをねらいとします。ボールを投げる手と反対の足を前に出すことを伝え，ラインをまたがせます。ラインをまたいで投げるようにすることで，体のひねり動作を誘発することができます。また，投げるときに前に出した足を上げさせることで，体重移動がしやすくなります。正対した状態で投げると体重移動のない手投げの状態となってしまい，遠くに力強く勢いのあるボールを投げにくくなってしまいます。

〈運動の行い方〉

　体育の班を活用して，8人程度が教師の合図で同時にボールを投げます。場の準備として，ラインを壁から3m，4m，5m離れたところにそれぞれ引いておきます。全員3mから挑戦させ，3回ボールがノーバウンドで壁に当たったら，その距離は合格とします。次に行うときには，1m後ろの位置からかべぶつけをします。

　本校の壁には地面から80cm程度のところに線が引いてあるので，そこをねらって投げさせています。これは，子どもの胸の高さと同じくらいの高さになるため，キャッチボールをするときにねらう高さと同じになります。また，壁まで届けばよいというルールなので，ねらうところを指定しないと壁の上の方をねらおうとするからです。

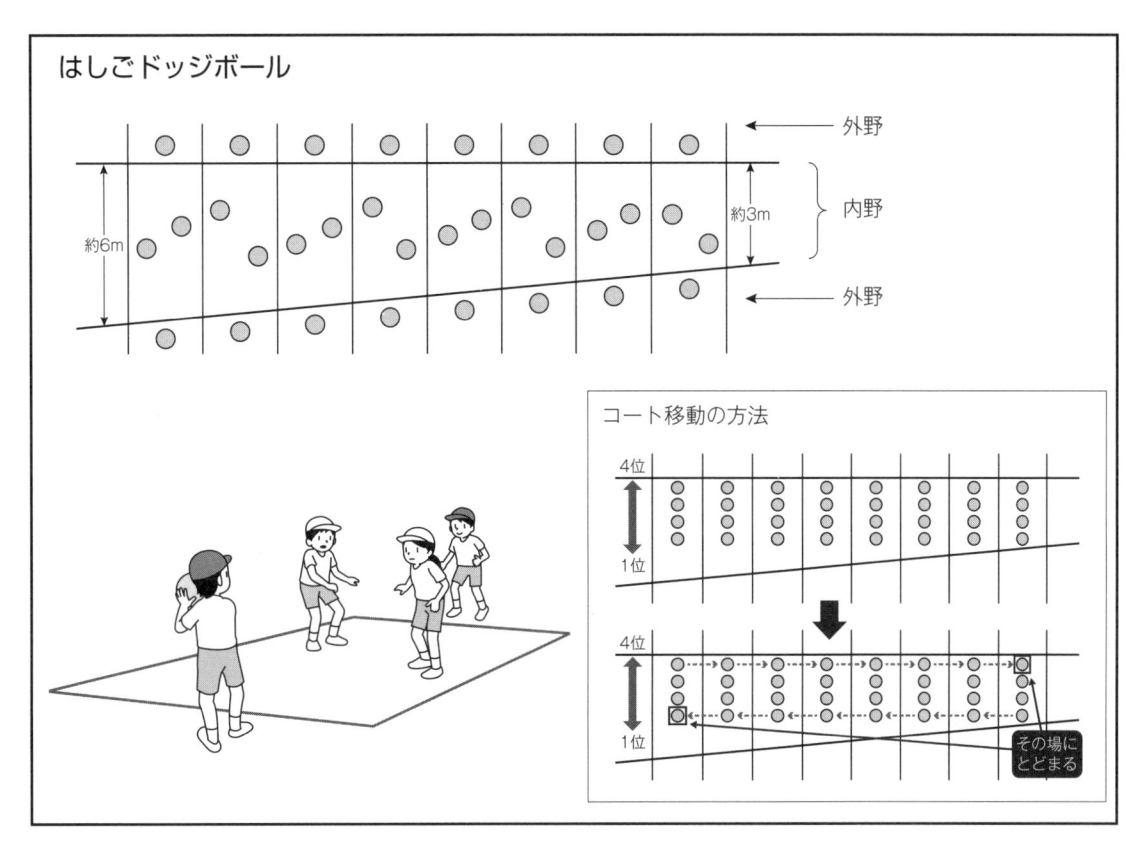

はしごドッジボール

- 外野
- 内野
- 外野
- 約6m
- 約3m
- コート移動の方法
- 4位
- 1位
- 4位
- 1位
- その場にとどまる

05 はしごドッジボール

　ここまでの教材を系統的に扱うことで，対戦型のはしごドッジボールをみんなが楽しむことができます。はしごドッジボールは，外野が常にボールを投げ続けるので，投能力を高めることができます。ゲームを行う前に，かべぶつけでの距離をもとに，はじめに行う場所を決めておきます。

　コートをはしご状にして，広さを変えることで，子どもたちの力に合わせてゲームを進めることができます。また，狭いコートに苦手な子が集中していることから，教師が重点的に指導をする場が明確になります。

〈ゲームの行い方〉

・1コート4人で行う

①前半と後半で役割を交代する

前半の内野2人と前半の外野2人を決める

②外野2人は2分間，内野の子をねらって，ボールを当てる

③1回当てたら1点として，個人の得点として加算していく

④2分経ったら，内野と外野の役割を交代する

⑤②と③を繰り返す

⑥前半と後半が終了したら4人の得点を確認して1列に並ぶ

⑦得点が一番高い子は左のコートに，一番低い子は右のコートに移動する

⑧①〜⑦を繰り返し行う

〈運動のバリエーション〉

・内野の子が投げられたボールを，直接キャッチをしたら1点とする（捕球への意識が高まります）

相手のいないところをみつける

眞榮里　耕太

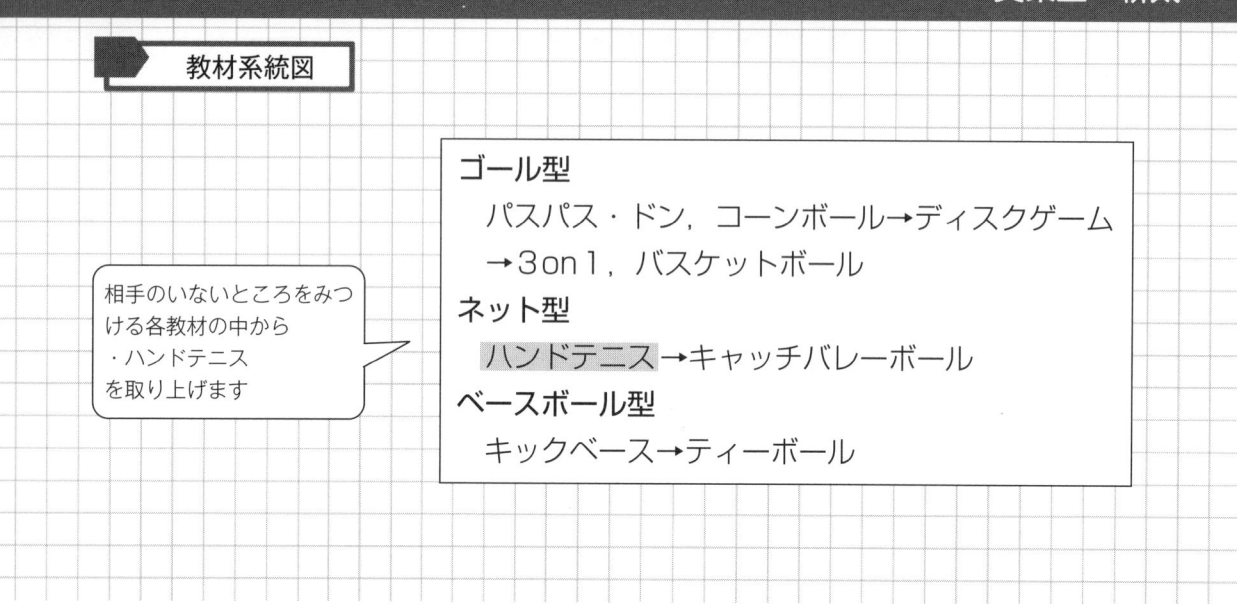

教材系統図

相手のいないところをみつ
ける各教材の中から
・ハンドテニス
を取り上げます

ゴール型
パスパス・ドン，コーンボール→ディスクゲーム
→３on１，バスケットボール
ネット型
ハンドテニス→キャッチバレーボール
ベースボール型
キックベース→ティーボール

　本項からは，ボール運動における「相手の
いないところをみつける」動きを身につける
運動の紹介をします。

　相手のいないところをみつける動きは，空
いている空間を意識した動きともいえます。
これは，各種ボール運動教材のボールを操作
する技能とあわせて大切な学習と考えていま
す。

　ゴール型の運動を例にして挙げると，ボー
ルを保持している子がゴール前の空いている
スペースにボールを送ることや，ボールを保
持していない子がそのスペースに動くことが
それに当てはまります。このような動きを身
につけることによって動きのバリエーション
が増えてきます。そのため，攻めも守りもよ
りダイナミックな動きが出てくるようになり
ます。

　目標物がない場所にボールを送ることや動
きながらボールを受けることは，ある程度の

技能が必要になるので，難易度が上がります。
そのため，投捕の技能が安定してくる高学年
で取り組めるようになるとよいでしょう。

　また，ネット型やベースボール型の運動で
は，守備位置から空いているスペースを判断
して，そこにボールを送ることが得点の機会
に直接つながります。

　相手のいないところをみつけて動く感覚は，
型や運動種目が異なったとしても，生かされ
る汎用的な力なので子どもたちに身につけさ
せておきたいと考えています。

　まずはじめは，本校のネット型の導入とし
て中学年で取り組んでいる「ハンドテニス」
です。

　ハンドテニスは，手のひらでボールを弾い
て相手とラリーをする運動です。手のひらを
使うことや自陣にボールをワンバウンドさせ
てから弾くことでバレーボールのオーバーハ
ンドパスやアンダーハンドパスよりも技能的

ハンドテニス

ハンドパス

打ち方

体の正面でボールをはじく　　　　　　　　　２人の間でバウンドさせる

逆さ感覚

回転感覚

腕支持感覚

体の締めの感覚

手足の協調

潜る・浮く・水中での息つぎ

振動感覚

ボールの投捕

相手のいないところをみつける

に易しい運動です。ネット型のバレーボールでは，オーバーハンドパスやアンダーハンドパスで弾くことが難しいので，技能を身につけるまでに時間がかかることやゲーム中のミスが多くなってしまうことがよくあります。ハンドテニスは技能が易しいので，ネット型の教材を通して身につけさせたい技能を学習することができます。

　具体的には次の３つです。

○得点がとれそうなところをねらってボールを送る
○飛んでくるボールの落下点を予測して動く
○仲間と連係して動く

　はじめはペアでラリーを続けます。慣れてきたら４人組にしたり，間にネット（カラーコーンとバー）を設けてラリーを続けます。最後は，それまでに身につけた技能を使ってゲームに取り組んでいきます。

　このような流れの中でまずは，相手をねら

ってボールを操作する技能を身につけ，後半のゲームの中で相手がいないところをみつけてボールを送るようにします。

ハンドパス（２人組で続ける）

　まずはじめは，２人組で，手のひらを使ってボールを弾き合います。ボールを地面に一度バウンドさせてからペアに向かってボールを弾きます。手は両手で下からボールをすくい上げるように動かします。体の正面でボールを受けると弾く技能が安定するので両手で弾くようにしています。場合によっては片手で弾くことを認めていきます。

　まずは，２人の距離を３～５m程度離します。ボールを５往復（10回）させることができれば合格です。少しずつ回数を増やしていきましょう。慣れてくると２人の距離がだんだんと近くなってきます。それは，短い距離の方がミスをする可能性が少なくなることを子どもたち自身が感じとっているからです。そのため，ラインなどを用いて２人の距離を

バウンドパス

ネットを越えて相手にパス

一定に保たせましょう。

　また，ラリーが何度も続いているペアをモデルにして，弾いたボールの高さを確認したり，受け取る側の動き方を確認したりします。ボールの高さは自分自身の頭の高さよりも高くします。バウンドした後に打ち返しやすい高さにボールが跳ね，弾きやすくなります。低いボールを返球してしまうと弾まないため次が打ち返しにくくなります。弾いた後に構えたり，一度後ろに下がって準備をします。

02　バウンドパス（4人組）

　2人で繰り返しラリーすることができるようになったら，コーンとバーを使って仕切り（ネット）をつくります。

　今度は，4人組（2人と2人が向かい合う）になって同じ要領でラリーを続けます。ネットを越えたボールを自分のコートに一度バウンドさせて相手のコートに弾き返します。これで1回と数えます。ネットの上をボールが通過した回数を数えていきましょう。できる

だけ4人が順番に弾くようにします。同じ子ばかりが続けて弾かず，全員が流れの中でボールを弾くことができるようにしたいものです。失敗を恐れてボールを避けてしまう可能性があるので，失敗したり，返球ができなかった場合，0に戻らず，続きで数えます。

　慣れてきたら一定時間（2分程度）の間にラリーが何回続くか数えます。長くラリーを続けるためには，相手が弾き返しやすいボールを送ることやボールの落下点を先読みして動くことが必要になります。繰り返し取り組むことでこれらの技能を全員に経験させることができます。

　4人でラリーすることに慣れてきたら，失敗したら0からスタートし直すという数え方にしてもよいでしょう。

　また，グループごとの回数で順番を決めるとゲーム性をもたせることができます。あまり，競争に意識がいきすぎてしまう場合には，すべてのグループの合計回数の推移を記録することで学級全体の集団的な達成感を味わわ

ハンテニス

コート図

ルール
○２人対２人
○１セット３分程度
○前半と後半の得点を合算
○判定はお互いのチームで
○コートの広さは５ｍ四方

忍さ感覚　回転感覚　腕支持感覚　体の締めの感覚　手足の協調　潜る・浮く、水中での息つぎ　振動感覚　ボールの投捕　相手のいないところをみつける

せることができます。学級の実態に応じてうまく変えていきましょう。

03　ハンドテニス

ハンドテニスは、これまでのバウンドパスの取り組みとほぼ同じ要領で進めます。

これまでは、ラリーを長く続けることを目的としていましたが、ハンドテニスになると相手が返球しにくいところをねらってボールを送ります。

４人チームの中で２人ずつのペアをつくり前半と後半の出場を決めます。ペアの決め方は、バウンドパスのときの様子を参考にするとよいでしょう。前半と後半の点数を合算するので２ペアのバランスをとることがよいことを伝えます。また、ペアは試合ごとに交代してよいことも伝えておきます。

試合を繰り返していく中で子どもたちに得点になりやすい場所について分析させましょう。以下のような分析が出てきます。

○ネットの近く

○ライン際（特にエンドライン）
○人に当てる感じ

はじめは、ネット際をねらうことが多いですが、技能が高まってくるとエンドラインをねらう攻撃が増えてきます。力いっぱい弾くとボールがコートを越えてしまうことがあります。１回弾いただけでは、返球できないことを理解するからです。

この攻撃に対応するため、仲間へのパスを許容するルールを加えてもよいでしょう。仲間が弾いたボールを自陣に一度バウンドさせた後にもう一度弾くことを認めます。返球できないときには仲間にパスをして返球するという選択肢が出てきます。こうすることで２人が連係する動きが生まれてきます。返球できないときに仲間の助けをしてもらうことに加えて、有利な体勢で攻撃するためのパスという選択肢も生まれてきます。ミスが減り、点数は少なくなりますが、よりラリーが続き、空いたスペースをねらおうとする姿が多く見られます。

相手のいないところをみつける

教材系統図

> 相手のいないところをみつける各教材の中から
> ・キャッチバレーボール
> を取り上げます

> **ゴール型**
> 　パスパス・ドン，コーンボール→ディスクゲーム
> 　→3on1，バスケットボール
> **ネット型**
> 　ハンドテニス→キャッチバレーボール
> **ベースボール型**
> 　キックベース→ティーボール

　本項は，前項に引き続き，ボール運動における「相手のいないところをみつける」感覚を身につける運動を紹介します。

　前項はネット型の導入である「ハンドテニス」を中心に，ネット型の教材を通して身につけさせたい技能を学習していく教材を紹介しました。

> ○得点がとれそうなところをねらってボールを送る（今回は"打つ"）
> ○飛んでくるボールの落下点を予測して動く
> ○仲間と連係して動く

　本項では，上記の技能を学習していく教材として「キャッチバレーボール」を紹介します。また，「キャッチバレーボール」だけでなく，その教材を扱うまでに取り組ませたい教材について，意識させたいポイントや意図を踏まえて紹介していきます。

　「キャッチバレーボール」の教材を紹介する上で，ネット型教材，特にバレーボールに類似した教材の特性や面白さについて考えていきます。

　一般的なスポーツとしてのバレーボールを観る際には，ダイナミックなサーブやアタック，それらの攻撃を防ぐレシーブやブロックなどネットを挟んでの攻防（ラリーが続くこと）に面白さを感じることが多くあります。

　しかし，実際のプレーヤーの視点で考えると，相手よりも1点でも多くとることを目指しているわけです。つまり，「ラリーが続く」のは，あくまでも結果であり，それが目的や目標にはなりにくいと考えています。

　ですので，小学校段階でのバレーボールのような教材では，自分が打ったボールが得点につながる面白さを大切にし，そのために必要な「相手のいないところをみつける」動きを身につけられるように学習を進めていきます。

キャッチバレーボール

アタックパス

01 アタックパス（4〜5年生）

「相手のいないところをみつける」感覚を身につけるのは、「得点がとれそうなところにねらってボールを打つ」ために必要な感覚だからです。

しかし、相手がいないところをみつけることができても、そこに打つことができなければ、なかなか得点につながらず、夢中になって楽しむことができません。また、ボールを投げることよりも、ボールを打つことは経験が少ないことが多いのが実状です。そこで、まずはボールを打つことに慣れていくことが大切です。

はじめは、2人組になり、自分でボールを投げ上げ、相手に向かって打ちます。打たれたボールを両手でキャッチして、同じように自分で投げ上げ、打ち返します。103ページで紹介したキャッチボールの"投げる"動きが、"打つ"に変わった運動と捉えてください。ペアで落とさずに何回続けられるかに挑戦し

たり、10回連続で落とさずに続けられたらペアを変えたりしながら、ボールを打つこと、打たれたボールをキャッチすることに慣れていきましょう。2人の距離が近いと意味がないので、3m程度は離れ、慣れてきたら徐々に距離を離していきましょう。ボールが届かなかったり、キャッチできなかったりする距離にならないように声をかけましょう。

次に、ネットを挟んだ状態でのアタックパスを行います。ネットはバドミントンのネットを使用しています（高さは160cm程度）。1つのバドミントンコートを2つに分けて使います。1チーム8〜10人で、ネットを隔ててアタックパスを行います。高さがある分、難易度は上がります。連続して何回アタックとキャッチが続くかに挑戦したり、チーム対抗戦にしたりすれば盛り上がります。また、すべてのチームの回数を足して、クラスの記録として記録更新に挑戦させると、チームの枠を超えて教え合ったり、アドバイスをしたりする姿が見られます。

逆さ感覚

回転感覚

腕支持感覚

体の締めの感覚

手足の協調

潜る・浮く、水中での息つぎ

振動感覚

ボールの投補

相手のいないところをみつける

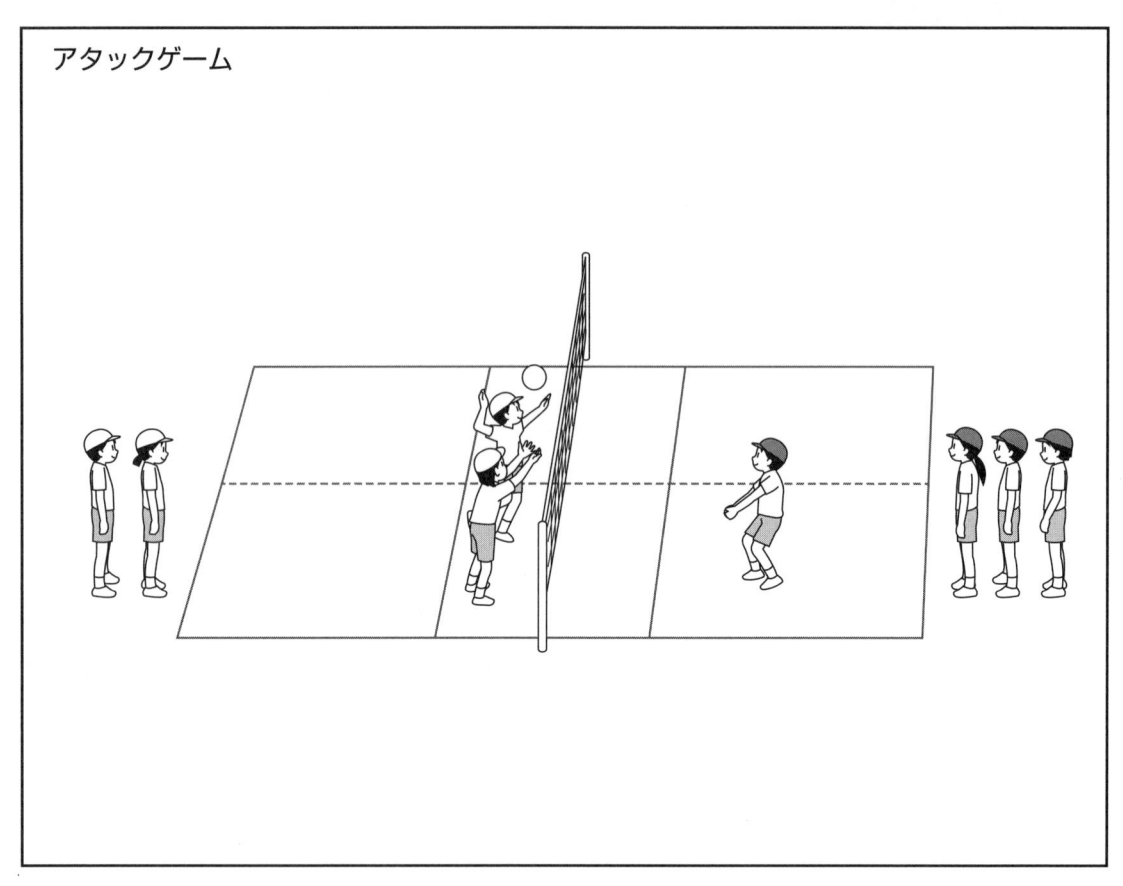

アタックゲーム

02 アタックゲーム（5年生）

①協力型

　ネットを挟んだアタックパスを発展させた教材です。アタックパスでは，自分で投げ上げてボールを打ちましたが，アタックゲームでは，バレーボールの"トス"にあたる仲間が"投げ上げたボール"を打ちます。高さやタイミングを合わせるのが難しく，自分で投げ上げたボールを打つよりも難しくなります。

　ボールを打つこととともに，打ちやすいボールを投げ上げることも学習の課題になります。投げ上げる高さやネットとの距離などに着目させながら学習を進めていきましょう。

　ゲームの進め方としては，アタックパスのルールと同じで問題ありません。

②対戦型

　投げ上げられたボールを打つことに慣れてきたら対戦型のゲームに移行します。

　1チーム4〜5人で行います。

　攻撃は両手で投げ上げられたボールをアタックして，守備側のコートに打ち込むか，守備がボールをキャッチできず落とした場合に得点が入ります。

　守備は1人で，順番に交代していきます。アタックされたボールを落とさないようにキャッチします。時間で交代して，得点を多く入れた方の勝ちとします。

　時間は約3分，攻守1回ずつで試合終了とします。ネットタッチした場合は得点とはなりません。バドミントンコートが2面あれば，同時に4試合行うことが可能です。

キャッチバレーボール

セッターゾーン　　得点ゾーン

ルール
○1チーム8〜10人で，試合には4人が出場する
○試合はアタックから始め，ボールが落ちるまで続ける
○1セット3〜5分行い，メンバーを入れ替えて2セット目まで行う
※ボールはあまり弾まない空気圧にしておく（MIKASAのスマイルボールがおすすめ）
※セッターは固定し，ゲームごとに交代して，偏らないようにする

この教材で全員にアタックすることを経験させることで，ボールを打つことに自信をもつことができます。そうすれば，キャッチバレーボールに取り組む際に，特定の子だけがアタックをして活躍する場面は減り，全員が「相手がいないところをみつける」ことを主体的に身につけることができます。

03　キャッチバレーボール（6年生）

アタックから始め，①ボールを落とさないようにキャッチして，その場所からセッターに両手投げでパス②セッターは両手でキャッチして，両手で投げ上げるトス③それをボールに触っていない2人のどちらかがアタックをして得点をねらいます。

アタックゲーム同様，守備側のコートに打ち込むか，守備がボールをキャッチできず落とした場合に得点が入ります。得点がとれそうなところにねらって打つことを身につけさせたいので，ネット際を除いた得点ゾーンを決めておきます。また，ネットに引っかかって自分のコートにボールが落ちたり，得点ゾーンの外に打ち込んだりした場合は相手の得点になります。

セッターはボールを最初にキャッチできないので，アタックに対しては実質3人で守っています。攻撃は，その3人の位置をよく見て，手前か奥か，右か左か相手のいないところをみつけてアタックをします。セッターは試合ごとに交代します。全員にアタックの頻度を保障し，「相手がいないところをみつける」動きを身につけることを目指しましょう。

逆さ感覚

回転感覚

腕支持感覚

体の締めの感覚

手足の協調

潜る・浮く，水中での息つぎ

振動感覚

ボールの投補

相手のいないところをみつける

相手のいないところをみつける

平川　譲

教材系統図

相手のいないところをみつける各教材の中から
・パスパス・ドン
・コーンボール
を取り上げます

> ゴール型
>   パスパス・ドン，コーンボール →ディスクゲーム
>   →3on1，バスケットボール
> ネット型
>   ハンドテニス→キャッチバレーボール
> ベースボール型
>   キックベース→ティーボール

01 ゴール型教材で相手のいないところをみつける

「相手のいないところをみつける」教材の3つ目です。本項以降全3項でゴール型の教材を紹介していきます。

ボール運動領域全体で一番大切なことは，ボールの投捕技能を高めることと考えています。このためゴール型教材でも，子ども個々の投捕機会を多くすることを重視しています。この方針から，ボールを持って走るラグビータイプ，投捕機会の少ないアメリカンフットボールタイプの教材は，除外しています。また，バスケットボールタイプの教材では，個の能力だけで相手ゴール近くにボールを運び込めるドリブルは"なし"としています。

このように，中学年から一貫して，投捕（パス）によって相手ゴールにボールを運び込む教材を扱うようにしています。

これらの教材では，相手のいないところをみつけて動くのはボールを持っていない選手となり，いわゆる「off the ball movement」の力を高める教材となります。

繰り返しになりますが，ボール運動領域で最重要と考えているのは投捕技能です。これが保障されないままでは，ボール運動を楽しむことはできないし，ボールを持たないときの動きの学習も成立しないのです。

02 パスパス・ドン

初めてのゴール型教材に取り組む前に経験させておきたい教材です。相手（守備）がいない容易な状況で，ボールをゴールに運び込む経験を積ませることをねらいとします。

相手がいないので，「相手のいないところをみつける」学習は成立しませんし，ゴール型ともいえないような教材ですが，ボール運動が苦手で，初めてゴール型を経験するような子には，ぜひ経験させておきたい教材です。

パスパス・ドン，コーンボール

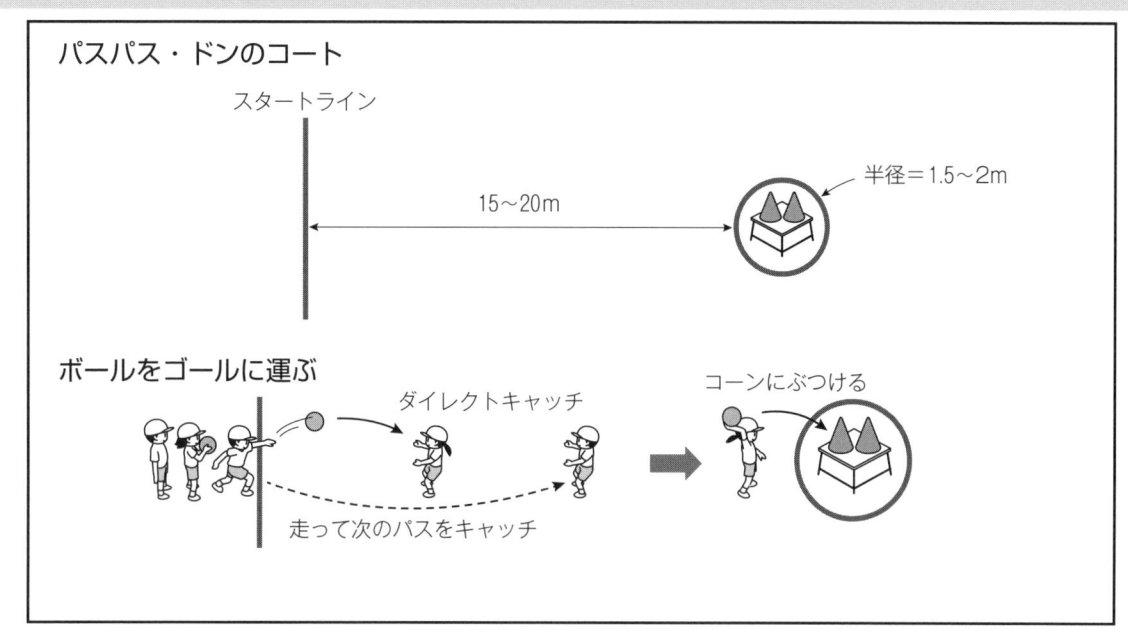

①**コート（上イラスト参照）**

○スタートライン

○スタートラインから15〜20m先のサークル（半径1.5〜2m）

○サークルの中に，ポートボール台と三角コーン2個で作ったゴール

　4人の学習班2班で，1つのコートを用意します。可能であれば，1班で1コートにすると投捕を含めた運動の経験値がより上がっていきます。用具の個数，手間を考慮して，コート数を決めてください。

　手軽にコート数を増やしたい場合は，ゴールをサークルだけとして，類似の教材とすることも可能です。

②**出場人数**

○一度にゲームに参加する人数は2人

○出場していない2人（3人班の場合は1人）は，ボールを持ってスタートラインで待機

③**ボールをゴールに運ぶ**

○ボールを運ぶ手段はパスだけ

○ボールを持って移動しない

○ダイレクト（バウンドさせない）パスをキャッチできたときだけ次に進める

※先を急いで雑な投捕にならないようにするため

○パスの投捕失敗のときは，そのパスを投げた位置までボールを戻す

○ボールを戻す際には，転がして戻す

※失敗するのはボールの投捕が苦手な子の場合が多く，戻したボールをさらに捕り損ねることがあり，無駄な時間が長くなるのを避けるための方法

○パスが成功した場合は，パスを投げた子が前（ゴール側）に走って，次のパスの受け手となる

○これを連続させて，ゴール近くまでボールを運ぶ

コーンボール

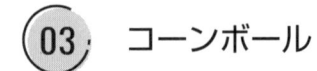

図中のラベル:

投げ入れ係

3人でゴールまで
ボールを運んで
コーンにぶつける

守備1人

守備側
3人は控える

④得点（シュートの成功と失敗）とゲームの
　進め方

○三角コーンにボールを当てたら得点

○得点したら，スタートラインで待っている
　チームメイト２人がスタートする

○得点した２人は急いでコーンを元に戻して，
　ボールを持ってスタートラインに戻る

○３人班の場合は，順番で１人が居残り連続
　出場となる

○シュートを失敗して反対側に転がっていっ
　てしまったら急いで拾いに行き，拾い上げ
　た位置からパスをして再開

　「パス」でボールを運んで，コーンに「ドン」
とぶつけるので「パスパス・ドン」と呼んで
います。

⑤ゴールがサークルだけの場合

○２人のうちの１人がサークルに入って，ダ
　イレクトのパスをキャッチできれば得点

○バウンドパス，捕り損ないは投げた位置に
　ボールを戻す

この場合「パスパス・リレー」という教材
名がふさわしいと思います。

03　コーンボール

　２班が攻守に分かれて，ゴール型ゲームの
対戦をします。得点はパスパス・ドンと同じ
で，コーンにボールを当てたときです。パス
パス・ドン単元が終わったところで，「パス
パスの人数を増やして，おじゃまを入れるよ」
と話してコーンボールに入っていくと，ゲー
ム理解が大変容易になります。

①コート

　パスパス・ドンとほぼ同じです。投補の実
態によって，少しゴールを近づけてもいいか
もしれません。守備側チームの控え場所をゴ
ールの２〜３ｍ後ろに設定します。控えの子
は，

○ゴールを復元するとき以外出ない

○転がってきたボールに触らない

を約束とします。

こういう場合，A君とBさんのどちらにパスをする？

Bさん

A君

②出場人数

○攻撃側フィールドプレイヤー3人

○攻撃側のあと1人はスタートラインからのボールの投げ入れ

○3人班の場合は投げ入れた子も，フィールドに入って攻撃に参加

○順番で守備1人（残りは控え場所で待機）

③ボールをゴールに運ぶ

○パスで運ぶ

○ダイレクトパスでなくてもよい

○パスをエラーしても続行

○得点か，守備側がボールを保持したら，スタートラインから再開

○サークルには攻撃側も守備側も入れない

○ボールが遠くに転がっても，攻撃側が拾えばそこから再開

④得点とゲームの進め方

○コーンに当てたら得点

○コーンに当てた子は，投げ入れ係になる

○得点されたら守備は交代

※これにより，攻撃時に苦手な子が長くゲームに出場できる可能性が高くなります。

ゲーム理解が進んで流れ出した頃に，「ボールをどこに運びたいの？」と問うと，「ゴール」という回答を得ることができます。基本的にゴールにボールを運ぶということを確認した後に，以下のようなやりとりで，相手のいないところをみつけることについての理解を進めていきます。

T「では，こういう場合（上イラスト）は，A君とBさんどちらにパスをする？」

C「Bさん。相手から遠くて，ボールを取られにくいからです。」

T「相手から遠ければ，どこでもいい？」

C「シュートしやすそうなところがいい」

T「じゃあ，ボールを持っていない子はどんなところに動けばいい？」

C「相手から遠くて，シュートが打てそうなところ」

この後は，パスが来なかったり，パスが来てもエラーしてしまったりした失敗も含めて，獲得した知識を具現化している子どもを大いに称賛して，思考して動けていることを評価し，価値づけていきます。

逆さ感覚

回転感覚

腕支持感覚

体の締めの感覚

手足の協調

潜る・浮く、水中での息つぎ

振動感覚

ボールの投補

相手のいないところをみつける

相手のいないところをみつける

山崎　和人

教材系統図

相手のいないところをみつ
ける各教材の中から
・3on1
・バスケットボール
を取り上げます

ゴール型
　パスパス・ドン，コーンボール→ディスクゲーム
　→3on1，バスケットボール
ネット型
　ハンドテニス→キャッチバレーボール
ベースボール型
　キックベース→ティーボール

本項ではゴール型の，バスケットボール教材に焦点を当てていきます。バスケットボール固有の技能として，シュート技能が挙げられます。ボールをリングよりも高く投げることやゴールのボードを上手に使うことを指導する必要があります。また，学年によっては，ボールをバスケットボールではなく，一回り小さいバレーボールサイズのボールにすることで，無理なく投げることができます。なお，ドリブルはここで紹介するゲームでなしとしているため，除いています。

 シュート

はじめにシュート技能を身につけ，高める教材を紹介します。

〈行い方〉
①ペアで体育館の真ん中辺りに立つ
②ボールを持っている子は，ボールを持ったまま移動して，体育館のバスケットボールのゴールにシュートする

③シュートを決めたら，ボールを持ってペアのところまで運び，ペアの子がスタートする
④この②③を制限時間内（2分程度）で繰り返し行う

たくさんシュートできているペアをモデルとして，シュートを打つときの立ち位置や，どこをねらってボールを投げるかということを確認させます。ここで，真横から投げるとシュートしにくいことや，ボードの四角をねらって投げることを押さえます。

運動に慣れてきたら，真ん中で待っている仲間にパスをする方法もルールに加えていきます。ただし，真ん中で待っている子がたくさんいるので，確実に自分のペアに渡せるようにすることを条件にします。子どもたちも点数を多く稼ぎたいので，パスミスでの時間ロスはもったいないという思考が働きます。確実なパスが見られないときには，時間がもったいないと説明してもよいでしょう。

3on1，バスケットボール

◀シュート

▼じゃまシュート（3on1）

02　じゃまシュート（3on1）

シュート技能が高まってきたら，相手を入れてゲームを行います。大きく変えるというよりは，「シュートをやっていたけど，そこにじゃまが入るよ」というように，元々やっていた教材に少し変化を加えるという形で提示すると，ルール理解がスムーズになります。

〈ルール・行い方〉

○ハーフコートで4人チーム同士の対戦で行う。ドリブルなし

①前半攻撃チームは3人ハーフコートラインに並ぶ

②前半守備チームは1人コートの中に出る

③攻撃チームはパスのみでボールを運ぶ（ボールを持ったら動いてはいけない）

④守備者は，ボールを持っている子に手が届く範囲に近づいてはいけない

⑤シュートが決まったら，味方のもう一人と交代する

⑥守備は，ボールをキャッチしたり，シュートを決められたりしたら交代する

⑦制限時間（2分程度）行ったら，攻守を交代して行う

ここでは，攻撃時のボールを持ったときの動きと，ボールを持たないときの動きを理解させます。

〈ボールを持ったとき〉

・シュートできる状況ならば，シュートする

・ゴールまで遠いときや，守備者が近くにいてシュートできないときには，味方にパスをする

〈ボールを持たないとき〉

・ボールを持った味方がシュートできないとき，パスをもらえるように守備者がいないところへ動く

・シュートのリバウンドに備える

逆さ感覚

回転感覚

腕支持感覚

体の締めの感覚

手足の協調

潜る・浮く，水中での息つぎ

振動感覚

ボールの投補

相手のいないところをみつける

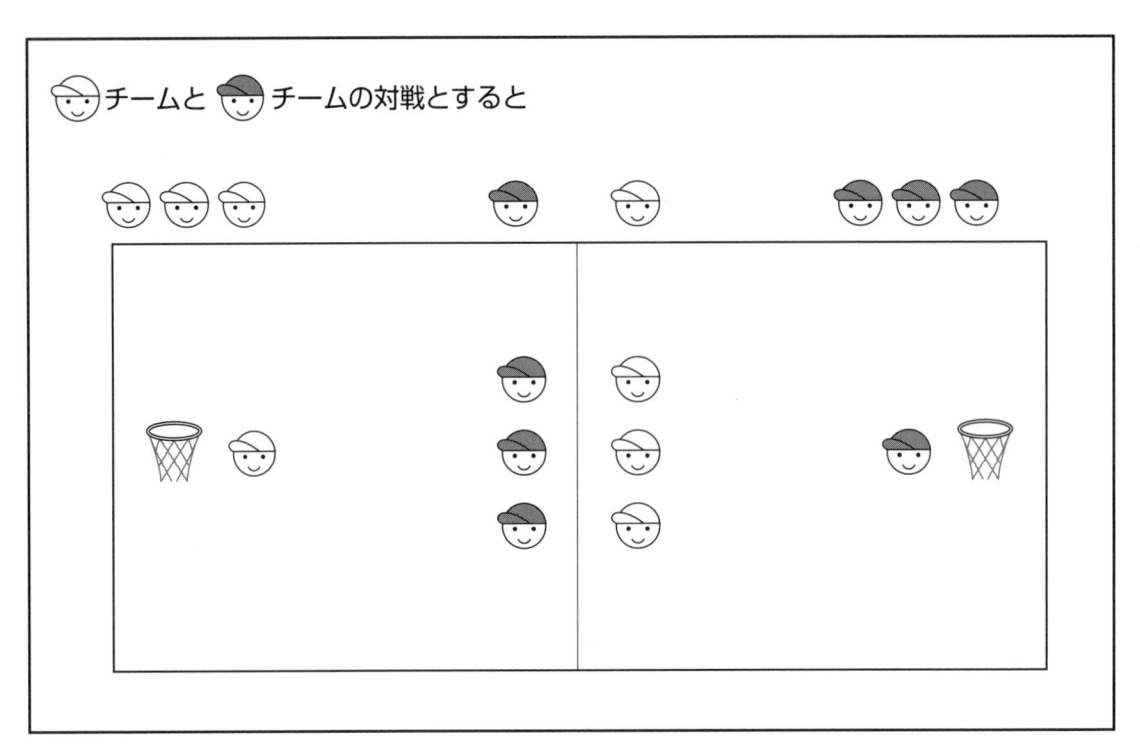

〈授業のポイント〉

　攻守が前半と後半で分かれているゲームを行うので，得点の関係から，後半の途中で勝敗が決してしまい，消化試合になってしまうことがあります（もちろん，相手に対して全力でプレーすることが大切であると指導することも大切です）。

　そのようなことを解消するために，3 on 1 をやるときには，8人1チームとし，全4チームで対戦を行うようにしています。ハーフコートで行うので，A面に4人，B面に4人とチームを分断します。それぞれのコートで対戦を行います。最終的に，両コートの得点を合計して，勝敗を決定します。こうすると最後，両コートでの得点計算をするまで勝敗がわからなくなるので，最後まで全員が全力でプレーすることができます。私は，全4チーム総当たり2回戦を行うので，全チーム6試合となります。

　指導をする際には，ボールを持ったときにシュートかパスかを適切に選択すること。ボールを持たないときには，パスを受け取れる位置に移動をすること。以上の2つを学習の中心にします。それぞれ，実際の試合場面を切り取って，全体を集合させて思考場面を設定します。

　特にパスを出すことや，もらうことに関しては，試合中にあった場面のように，コートに子どもを立たせて，「（ボールを持っている子になったつもりで）どこに動いてほしい？」「（ボールを持っていない子になったつもりで）どこに動けばパスを受けることができそう？」と問いかけることで，自分事として思考することができます。ボールを持たない動きができるようになったら，適切なタイミングでパスを出すことができるかを学習課題にしていきます。このように，攻撃側を中心に学習を進めていきます。

オールコートバスケ

⓪③ オールコートバスケ

　じゃまシュート（3on1）の形で，守備者がいないところに動くことができるようになったら，オールコートでゲームを行います。ただし，いきなりオールコートになるのは難しいと感じたら，ハーフコートでじゃまじゃまシュート（3on2もしくは4on2）を行っておくことで，人数が増えたとしても同じように動けばよいことを学習できます。

　いずれにしても，オールコートでゲームを行うと攻守の入れ替わり（トランジション）が発生することになるので，動きが複雑になります。私は，ここで紹介するオールコートのゲームを，6年生の最後に行います。子どもの実態を踏まえた上で，オールコートのゲームを行わない選択肢もあります。

〈ルール・行い方〉

〇オールコートで8人チーム同士で対戦をす

る。ドリブルなし

〇1・2試合目は3対3，3試合目は4対4

→急な欠席にも対応できるように，1チームあたりの人数を多くしておく

〇チームの中で，1人自チームの攻撃（ハーフコートのみの移動）を行う攻撃専門選手を決める

〇試合に出ているメンバー全員がゴールを決めたら，ボーナス3点とする

〇ロングパスをするときは，オーバーヘッドパスのみ（ショルダーパスは禁止）

〇計3試合の得点で勝敗を決する

　先ほど少しふれましたが，本校では，32人学級のため，8人チームを4つ作ります。試合を見ている子が多くなるので，シュートを決めた子のチェックや得点板の管理をします。2つのコートでそれぞれのチームが試合をしているので，審判はセルフジャッジで行います。

逆さ感覚

回転感覚

腕支持感覚

体の締めの感覚

手足の協調

潜る・浮く，水中での息つぎ

振動感覚

ボールの投捕

相手のいないところをみつける

相手のいないところをみつける

眞榮里　耕太

相手のいないところをみつける各教材の中から
・ディスクゲーム
を取り上げます

ゴール型
　パスパス・ドン，コーンボール→ディスクゲーム
　→3on1，バスケットボール
ネット型
　ハンドテニス→キャッチバレーボール
ベースボール型
　キックベース→ティーボール

低く構えて
体をひねる

体をひねって
腕を振る
足は一歩踏み
出す

投げた方向に
指を指す

　本項では，空いている空間を意識した動き
を身につけることができるゴール型のボール
運動「ディスクゲーム」を紹介します。

　ディスクゲームは，フライングディスク（本
校ではドッジビー）を使用します。フライン
グディスクは，ボールとは違って，投げた後
の滞空時間が長いため，空いている空間への
パスやその空間へ走り込む動きを意図的に学
習することができます。

　ただし，ディスクを投げる技能は，これま
で学習して身につけてきたボール操作の技能
とは異なります。そのため，ディスクを操作
する技能を身につける時間があらかじめ必要
になります。多くの子が初めて取り組むので，
互いに教え合ったり，動きのポイントを共有
したりすることにも適しています。

01　ディスク投げ

　はじめは，ディスクをまっすぐ遠くに投げ
ます。

　運動場に数本のラインを引き，どこまで投
げられるか目標をもたせます。どの子も10m
程度は投げさせたいと考えています。

　ディスクの縁を片手で握ります。イラスト
のように体をひねり，腕も体に近づけて構え
ます。体をひねる勢いで腕を伸ばし，ディス
クを前方に投げ出します。足は，ディスクを
投げる側を一歩前に踏み出します。

　このときにディスクを頭の高さ程度に投げ
られるようにしておくと，この後のキャッチ
ボールがうまくできます。

　腕を背中の方向まで振ってしまうとディス

ディスクゲーム

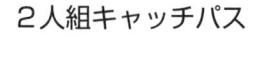

2人組キャッチパス　　　ランアンドキャッチ

相手が捕りやすいように　　　ディスクを前方に投げる　　　キャッチする子はパスに合わせて前方に走る　　　しっかりとキャッチ

クをコントロールできないので，投げる方向に向かって投げた後に指を指すようにしましょう。

02　2人組キャッチパス

　はじめは，2人の距離を10m程度離して行います。今後のゲームとのつながりを考え，ペアの子がキャッチしやすいように投げさせます。はじめの距離を4往復程度投げ合うことができたら2人の距離を少しずつ伸ばしていきます。

　ディスクは，高く投げ上げてしまうと落ちてくるときに大きく方向が変わってしまいます。落ちてくる場所を予想しにくいです。ディスクをキャッチすることを考えると，まっすぐ投げられるようにします。力加減を意識しながら相手が捕りやすいパスを身につけましょう。

　捕り方について確認します。向かってくるディスクを上下から両手で挟むようにします。

タイミングが合わなかったり，うまく両手で挟めないときには，ボールをキャッチするように胸の前で抱え込んでしまってもよいでしょう。落とさずに捕ることが大切です。

03　ランアンドキャッチ

　空間を意識したパスの練習をします。キャッチボールをしているペアで行いましょう。

　パスをする子は，前方の空いているスペースにディスクを投げ，もう一人が走り込んでそのディスクをキャッチします。

　できるだけ遠くでキャッチできるとよいですが，無茶をするペアが増えるので短い距離でも確実にキャッチできるようにするとよいでしょう。

　5mごとにラインを引いておき，地面に落とさずにキャッチできたら得点にします。投げた距離と捕れた場所の得点を足すとペアの点数になります。

　子ども同士の衝突を避けるために一方通行

逆さ感覚　回転感覚　腕支持感覚　体の締めの感覚　手足の協調　潜る・浮く，水中での息つぎ　振動感覚　ボールの投捕　相手のいないところをみつける

ディスクゲーム3対1

横 15〜20m
縦 20〜25m

ゴールエリア

※コートの外で
順番を待つ

スタートライン

ルール
○時間は3分間で攻守交代
○2回攻めた合計の点数で勝敗を決める
○攻めはパスだけでゴールエリアを目指す
　（動いてしまったら動き始めた場所に戻る）
○ゴール内で直接パスをキャッチしたら得点
○得点が入ったり，守りがディスクを捕った
　りしたらスタートラインに戻り再び攻める
　（このときにメンバー入れ替え）
○守りは攻めの手から離れたディスクはとっ
　てよい

にしたりペアごとの距離をとったりするよう
にしましょう。スペースがとれないときには，
教師の合図でパスをするようにしましょう。

　慣れてきたらペアを変えてみます。走るス
ピードやパスの距離を互いに確認しながら今
後のゲームに備えます。

04 ディスクゲーム3対1

　3対1のディスクゲームは攻守を分離して
行います。ゴール型のゲームでは，苦手な子
にとっては，「攻めているのか」「守っている
のか」「どちらに向かえばいいのか」一瞬で
判断するのは難しいことがあります。自分が
今何をすればよいかわからないことがありま
す。そのため，導入段階として，攻守を分離
することで，子どもたちが混乱することなく
それぞれの動きに集中することができます。

　ディスクゲーム3対1は，攻めが3人，守
りが1人です。攻めを有利にすることで意図
的に空いている空間をみつけたり，使ったり
する動きを引き出します。

　攻めは，パスだけでゴールエリアにディス
クを運びます。ゴールエリアでパスを直接キ
ャッチできたら得点です。

　得点を獲得したり，守りにパスを妨げられ
たりした場合はスタートラインに戻ります。

　一定の時間の中で得点を多くとることを目
指します。

　このゲームでは，攻めの子達がどのように
ゴールにディスクを運ぶかを思考させます。

○ゴールまで1回のパス
○細かいパスをつないでいく

　どちらの場合もメリット，デメリットがあ
ります。1回のパスでゴールを目指すことで，
効率的に攻撃できます。一方で，パスのミス
や滞空時間が長いため，守りの子に妨げられ
やすいです。

　短いパスの場合は，確実にパスができれば
いいですが，パスの回数が増える分パスミス
やキャッチミスの可能性も増えてきます。

　どちらの攻めのパターンにするかは，メン

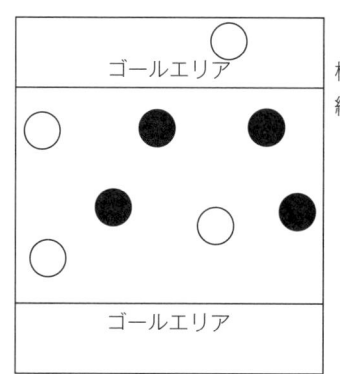

ディスクゲーム4対4

ゴールエリア

横 20m程度
縦 30m程度

ゴールエリア

ルール
○基本的なルールは3対1のときと同じ
○両チーム4人ずつ出場
○時間は3分間4セット
（1チーム8人の場合は1人2回出場）
○ゴール内で直接パスをキャッチしたら得点
　落としてしまったら相手からスタート
○得点が入ったら，自分のゴールエリアに一
　度戻ってから守りを始める

バーで事前に確認しておきます。また，守りの子の位置で判断するようにします。守りの子がボールエリアの近くを守る場合には，短いパスをつないでゴールに近づくことが有効です。一方でスタートラインに近づいていたり，パスを受けようとしている子にくっついたりしている場合にはゴール付近に長いパスを出す方が有効です。

このようにチーム内のパスを投げる技能の状態や守りの位置といった状況を判断しながらゲームを進められるようにしていきたいです。

05 ディスクゲーム4対4（6年生）

4対4のディスクゲームは，攻めと守りの人数を同数にします。攻めも守りも同じ人数なので空いている空間を使うことをより意識するようになります。

仲間をねらったパスばかりしていると守りの人に妨げられやすくなります。そのため，空いている空間にパスを投げて，そこに走り込む動きが重要になります。

また，ゲームの様相が，3対1のゲームとは違って攻守が入り乱れる方式をとります。ディスクを保持しているチームが攻めることになります。そのため，苦手な子がいる場合には，攻める方向をあらかじめ確認しておきましょう。常に互いに声をかけ合いながら，時には教師が指示を出しながらゲームの流れに合わせて動けるようにしましょう。

ゲームの基本的なルールは，3対1のときと同じです。一つ異なることとして，得点をしたチームは，全員が一度自分のゴールエリアに戻ってから守りを始めます。こうすることで攻めるチームが余裕をもってディスクを前方に運ぶ時間を生み出します。この時間に効率的にディスクを運ぶことを考えると，空いている前方の空間へのパス（2人組のパスキャッチ）の練習が必要になります。

コートの中の人数が増える分，ディスクを追うことに夢中になるあまり子ども同士の衝突が増えてしまいます。互いに声をかけ合いながら取り組めるようにしましょう。

相手のいないところをみつける

相手のいないところをみつける各教材の中から
・キックベース
を取り上げます

ゴール型
　パスパス・ドン，コーンボール→ディスクゲーム
　→3on1，バスケットボール
ネット型
　ハンドテニス→キャッチバレーボール
ベースボール型
　キックベース→ティーボール

01　ベースボール型教材で相手のいないところをみつける

「相手のいないところをみつける」教材の6つ目です。ベースボール型教材では，攻撃のために蹴る（打つ）ときに，守備側の選手は動いていません。このため，相手のいないところをみつけるのは，比較的容易です。本項と次項で紹介する「キックベース」と「ティーボール」は，ホームベース上に置いてあるボールを蹴ったり，バットで打ったりして攻撃を始める教材です。ピッチャーが投げたり，転がしたりして始まるゲームよりも，さらに落ち着いて相手のポジションを確認して攻撃することができます。

ただし，蹴ったり打ったりするのは，投げるよりも難しいので，技能を高めておいて，ある程度ねらったところにボールを運べないと攻撃は成功しません。

02　蹴る，打つの技能を高めておく

ベースボール型教材で，相手のいないところをみつける力を高めることをねらうのであれば，ボールを投げて攻撃を始める教材も視野に入れることができます。蹴ったり，打ったりする代わりに，投げるという教材です。

これがキックベースやティーボールになると，ボールを蹴る技能や，用具でボールを打つ技能を高めておく必要があります。ベースボール型の単元に入ってから，これらをドリル教材的に扱ったのでは，単元序盤から前半にかけてゲームを楽しめない子が多くなってしまいます。

03　走塁に関するルールを簡単に

野球や，ソフトボールの公式ルールで最も難しいのが走塁に関するルールです。地上波での野球中継が少なくなった現在，これをよ

キックベース

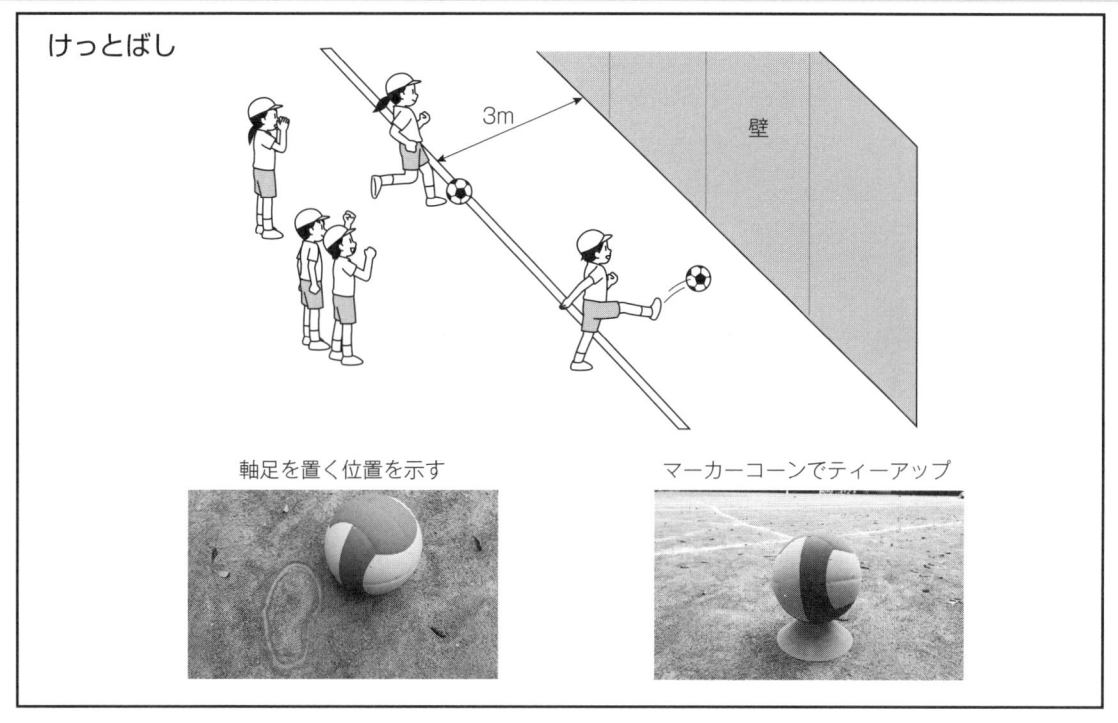

けっとばし

3m

壁

軸足を置く位置を示す

マーカーコーンでティーアップ

く理解しているのは，クラブスポーツで野球を経験している子どもたちだけ，という学級もあるでしょう。

　この走塁に関するルールを大幅に簡単にすることが教材化のポイントといえます。

 けっとばし

　ボールを力いっぱい蹴ることをねらいとした簡単な教材です。

①準備（上イラスト参照）

○壁から３m程度にラインを引く

②方法

○ライン上にボールを置いて，壁に向かってボールを蹴る

○蹴ったボールが直接壁に当たったら合格

③運動のポイント

○足首を固定するため，靴の中で足の指を曲げて，力を込めた「グー」にする

○軸足をボールの横やや手前（上写真参照）に着いて，蹴り足を振り抜く

　ボールを蹴る経験が少ない子は，運動のポイントに挙げた２点ができるまでに，時間がかかります。足に力が込められないことで，ボールに力が伝わらない場合は，靴の中のグーを意識させます。軸足を着く位置が安定しない場合は，ボールの横やや手前の地面に足形を描いて，「この辺りに足を着くんだよ」と意識づけをします。

　全員が３mクリアするか，または全体の頃合いを見て，５m，７m……と２m程度ずつ壁から離したラインを増やしていきます。隣の班と十分に離すことができない場合は，声をかけ合うか，隣の班と交互に蹴るなどして，蹴ったボールが仲間に当たらないように注意

逆さ感覚

回転感覚

腕支持感覚

体の締めの感覚

手足の協調

潜る・浮く・水中での息つぎ

振動感覚

ボールの投補

相手のいないところをみつける

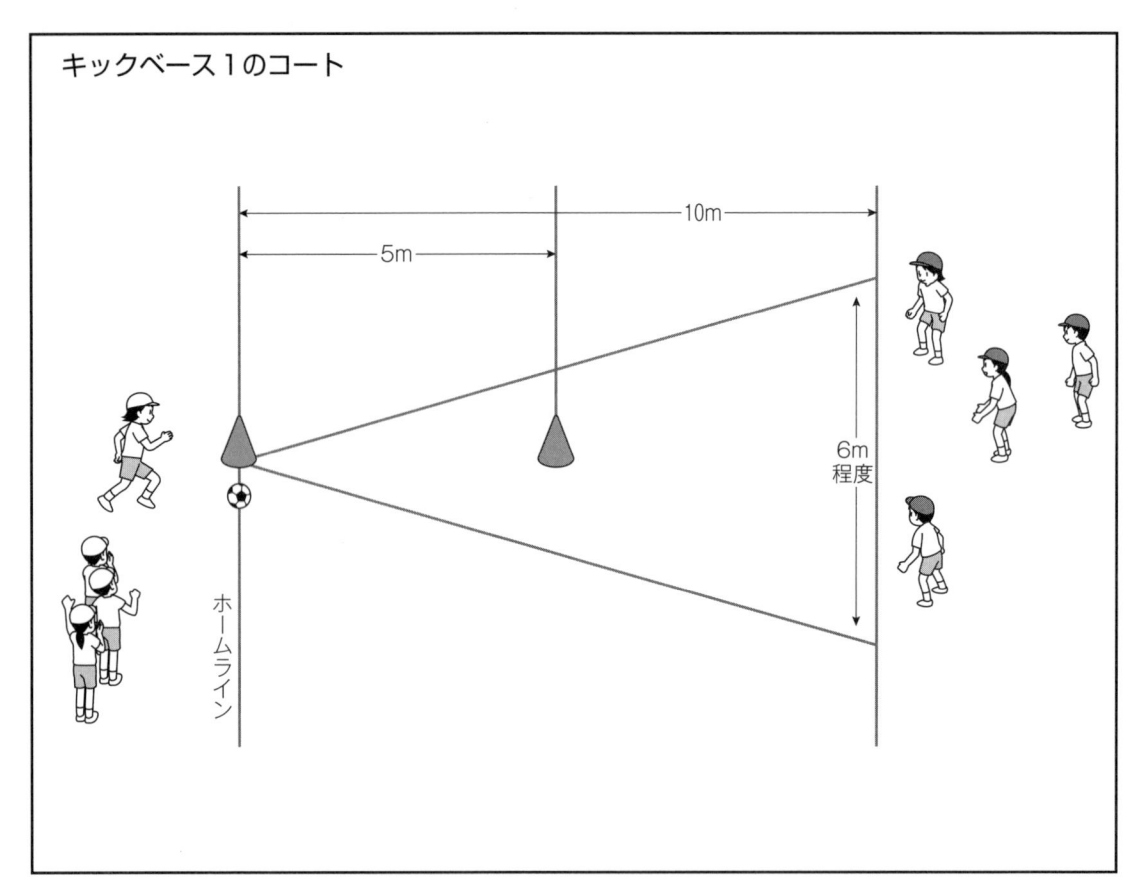

キックベース１のコート

5m
10m
6m
程度

ホームライン

させます。

④補助具（前ページ写真参照）

練習してもボールが上がらずゴロになってしまう子はマーカーコーンでボールをティーアップすると，ボールがライナーで飛びやすくなります。キックベースでも使えます。

05 キックベース１

３年生の想定で，ベースボール型の入門となるけっとばしボールを紹介します。

①コート（上イラスト参照）

○上イラストのような三角形
○ホームベースと，ホームベースから５m程度の位置にコーンを置く

②ルール

○１チーム４人程度

○全員が蹴ったら（攻撃したら）攻守交代で前半と後半の勝負
○思いきり蹴る
○ファール４回でアウト
○フライやライナーをダイレクトキャッチしてもアウトにはせず，下のルールに従う
○蹴ったら，５m先のコーンを回ってホームに帰ってくる。１周１点として，ホームラインをボールを持った守備側の選手が越えるまで，回り続けて得点を増やす（コーンが遠すぎて得点できない子がいる場合は，３m程度まで近づけることも考える）
○ボールを持った守備側の選手がホームラインを越えた時点でアウト（得点はそこまで）
○守備は，攻撃側が蹴るまでは10mラインよりも前に出ない（このルールによって，ボ

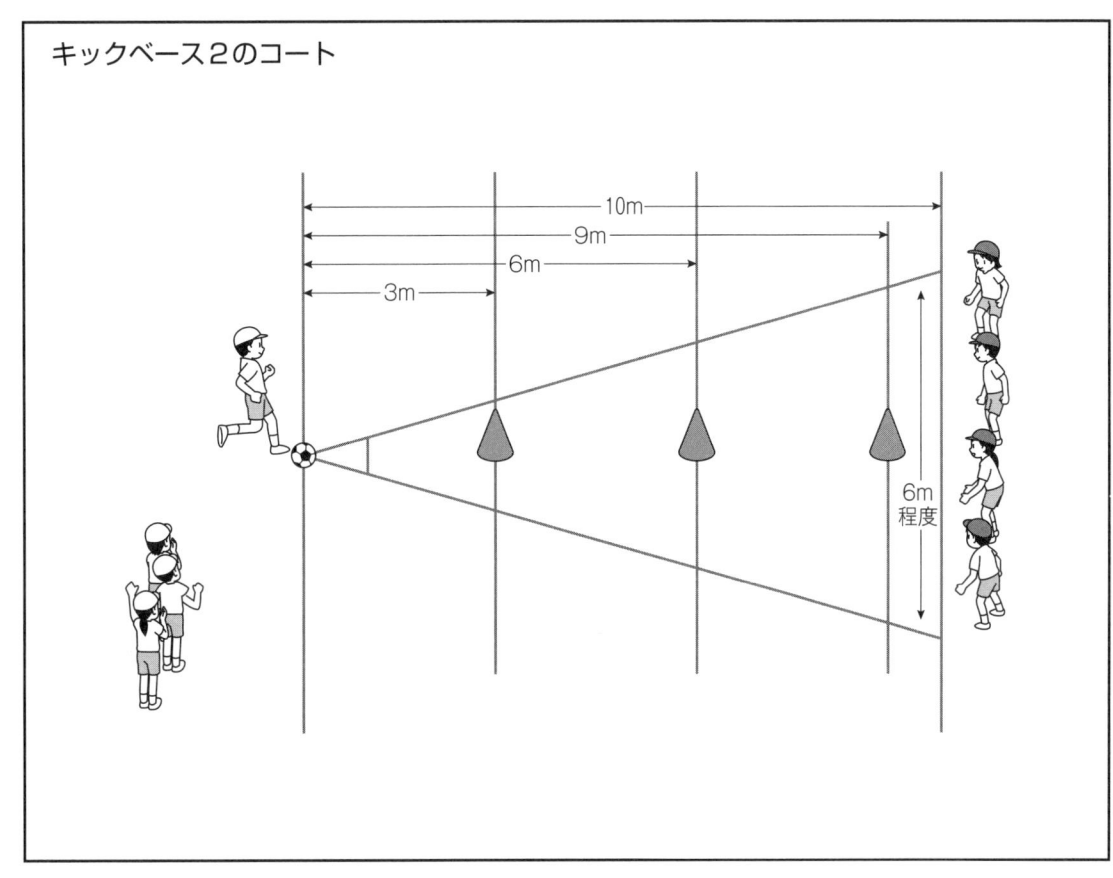

キックベース2のコート

10m
9m
6m
3m
6m程度

――ルを遠くに飛ばせない子も得点の可能性が高まる）

コートは広くありませんが守備も4人なので，相手のいないところを探すことはできます。1つのチームの守備隊形を例に，Q.「この守備ならどこをねらう？」と問えば，大量得点をねらえるように「守備がいないところ」「守備の後ろ」などの回答が得られます。

この思考場面の後のゲームでは，相手のいないところを探して蹴っている子を評価・称賛して，これを広げていきます。

06　キックベース2

①コート（上イラスト参照）
○キックベース1と同じ三角形
○ホームベースとホームベースから3m，6

m，9mの位置にコーンを置く

②キックベース1との違い
○近いコーンから1点，2点，3点とする
○ボールを蹴ったら，どのコーンを回ってホームベースに戻れるかを考えて走る

走塁に関して簡単な選択場面を設けます。大量得点をねらって遠くのコーンまで行って，アウトになって0点という可能性もあるゲームになります。

相手のいないところをみつけることは，キックベース1と変わりません。既習と大きく変わらない教材で，相手のいないところをねらってボールを思いきり蹴るという経験を積み上げることをねらいとしています。

閉じ感覚
回転感覚
腕支持感覚
体の締めの感覚
手足の協調
潜る・浮く，水中での息つぎ
振動感覚
ボールの投補
相手のいないところをみつける

相手のいないところをみつける

山崎　和人

教材系統図

相手のいないところをみつける各教材の中から
・ティーボール
を取り上げます

ゴール型
　パスパス・ドン，コーンボール→ディスクゲーム
　→3on1，バスケットボール
ネット型
　ハンドテニス→キャッチバレーボール
ベースボール型
　キックベース→ティーボール

本校で使用しているバットとボール
※ボールはハンドボールサイズ

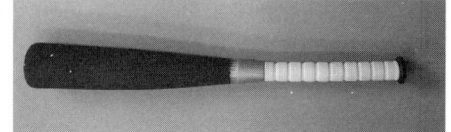

バットを使ってボールを打つベースボール型についての内容です。ここでは，ティーボール教材に焦点を当てていきます。ティーボール固有の技能として，バット操作が挙げられます。ティー台から少し離れたところに立ち，バットを操作して，ボールに当てる経験をしっかりと保障する必要があります。ボールとバットが当たりやすいように，ボールはハンドボールサイズのものを使用します。

01 ポコン・パコン・バッコーン打ち

ティー台を2本目の線上に置き，1本目の線をまたいで打ちます。こうすることで，腕が伸びるところでボールを打つことができます。ティー台から10m離れたところに，幅5mの「ポコン」エリアを設置します。1回目の授業は，ボールを打ち，「ポコン」エリアにノーバウンドで何回ボールを落とすことができたかを競います。この段階では，ボール

を遠くに飛ばすことではなく，確実にバットをボールに当てることを経験させます。バットも，はじめから頭の後ろに構えるのではなく，ボールの当たるところを，ゆっくりと後ろに引いてから打つようにします。このようにして，ねらったところにバットを当てることを経験させるとよいでしょう。

2回目の授業は，さらに5m先に「パコン」エリアを設定し，「ポコン・パコン」エリア，それぞれにノーバウンドで何回ボールを落とすことができたかを競います。ねらう場所が遠くなるので，バットをこれまでよりも強く振ることや腰を回転させる必要があります。また，バットを当てる場所もこれまでよりも精度が求められます。ですが，ここまではどの子も打つことができます。

3回目の授業は，「パコン」エリアよりも遠くを「バッコーン」エリアとして，決められた回数を打ち，「ポコン・パコン・バッコ

ティーボール

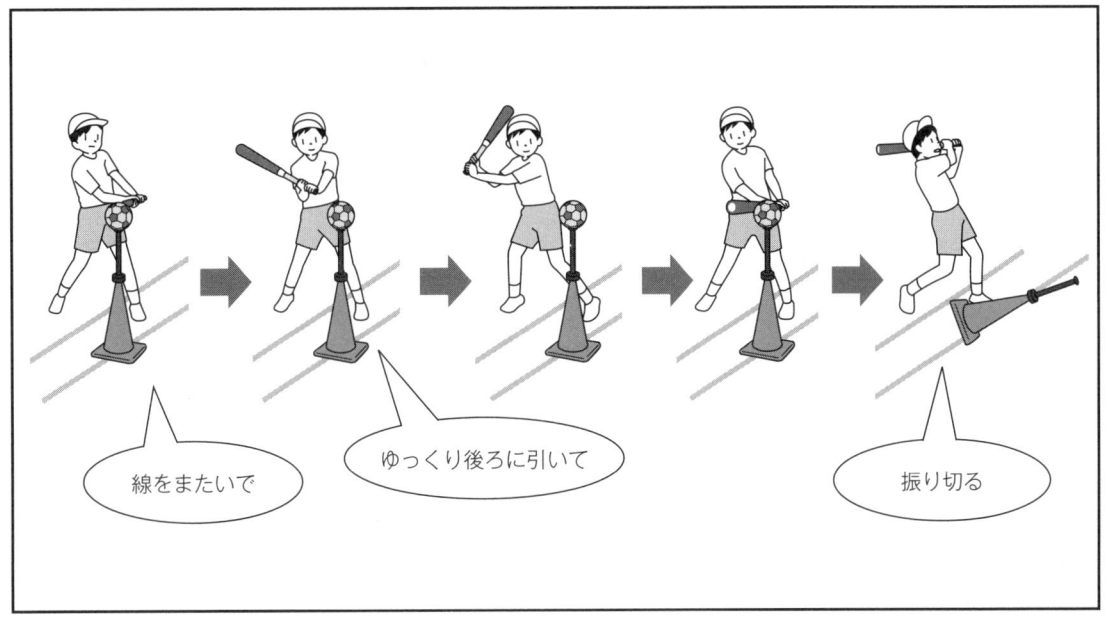

線をまたいで

ゆっくり後ろに引いて

振り切る

ーン」エリアに，それぞれ何回ボールを落とすことができたかを記録します。ここでの記録を参考にして，ティーボールのチームを作ります。

この段階では，遠くに飛ばすことを中心に指導します。ボールの真ん中から下辺りを打つことや，水平に振ったりすくい上げるように振ったりすることを指導します。これまでよりも速くバットを振る必要があります。また，ボールの空気圧を高くすると，ボールは飛びやすくなります。ただし，突き指のリスクも高くなるので，十分に注意する必要があります。

バット操作に慣れてきたら，以下のティーボールのゲームを行います。

02 あつまりっこティーボール

たくさん点をとるためには，３塁方向に打つことや，相手が守っているところよりも遠くに打つことが大切になります。また，失点を防ぐためには散らばって守ることや，打者によって守備位置を変える必要があります。

あつまりっこティーボールでは，ベースボール型ゲームの原則について学習します。

〈コート〉

本項で紹介するコートは，図（次ページ）のようなたこ型のコートです（筑波大学附属小学校 眞榮里考案）。私は長い辺を10m程度，短い辺を７m程度としています。ホームを90度よりも狭めることで，守備者が少なくても守りやすくなります。また，攻撃側も守備者を超える打球を打とうとします。

〈共通ルール〉

以下で紹介するティーボールの共通ルールです。

○５～６人で１チーム

○対戦相手と人数が違うときは，攻撃は人数が多い方に合わせて，守備は人数が少ない

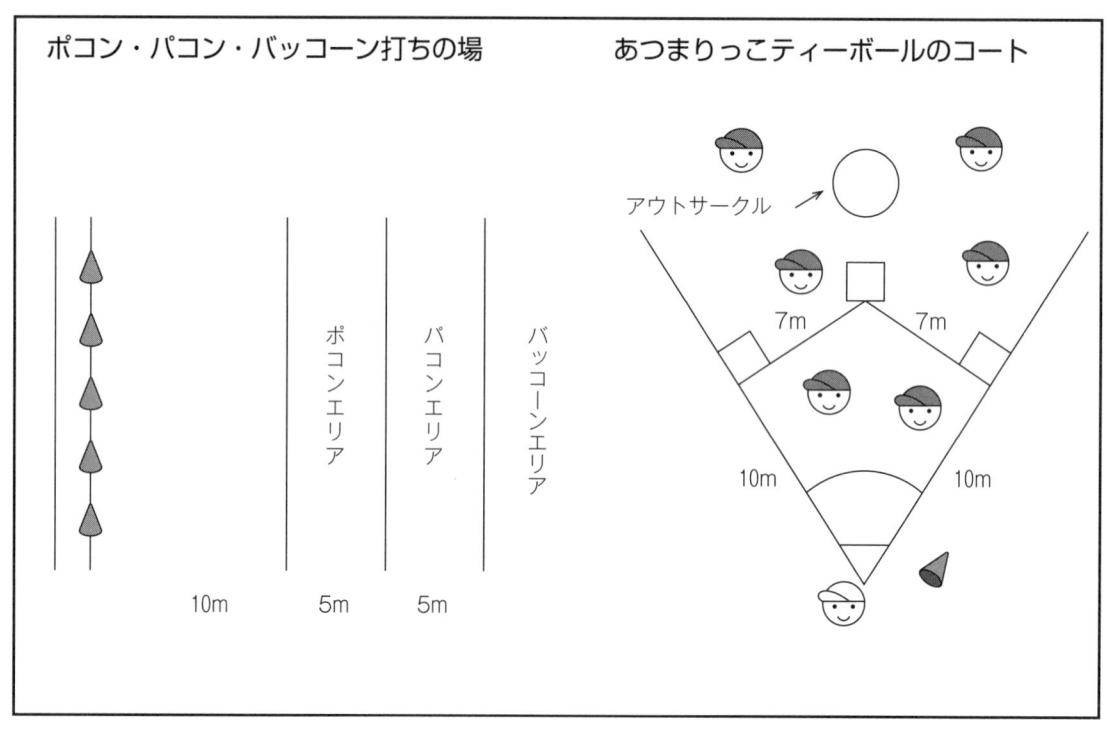

ポコン・パコン・バッコーン打ちの場

ポコンエリア
パコンエリア
バッコーンエリア

10m　5m　5m

あつまりっこティーボールのコート

アウトサークル →

7m　7m

10m　10m

方に合わせる

○フライをノーバウンドでキャッチしてもアウトにはならない

○バットはコーンの中に入れる。入れていない場合は、戻って入れてから進塁を開始する

○全員が打ったら、攻守交代する

○1回裏までにするか、2回裏までにするかは子どもと相談して決めてもよい（1回のみにすると複数試合できます。2回にする場合は、1回の得点が少ない方から行うとよいでしょう）

〈あつまりっこティーボールのルール〉

○1塁を1点、2塁を2点、3塁を3点、本塁に戻ってきたら4点とする

○守備側はボールをアウトサークルまで運び、全員が集合して「アウト」とコールする

○「アウト」とコールされるまでにどこまで進塁することができたかで得点計算する

○慣れてきたら、全員が集まるのではなく、アウトサークルまで投げてボールを運び、誰かがアウトサークル内でボールを保持したらアウトにするという方法もある

03 ティーボール残塁方式

ランナーを残しておく残塁のルールを導入することで、攻撃側の作戦の幅が広がります。打った後もランナーとして塁に残るので、アウトになるまで、加点することができます。できるだけ全員が4点とれるように打順を考えます。ランナーの状況によってどこに打つとよいかを考えて攻撃をします。また、ランナーもアウトにならないように、どこの塁まで進むことができるか、判断する必要があります。

〈ティーボール残塁方式のルール〉

○1塁に出塁した場合、次の打者が打ったらアウトにならないように進塁する

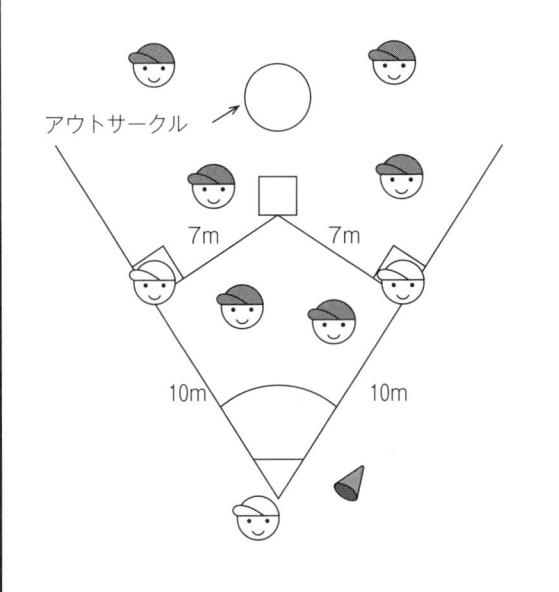

ティーボール残塁方式のコート

アウトサークル

7m　7m

10m　10m

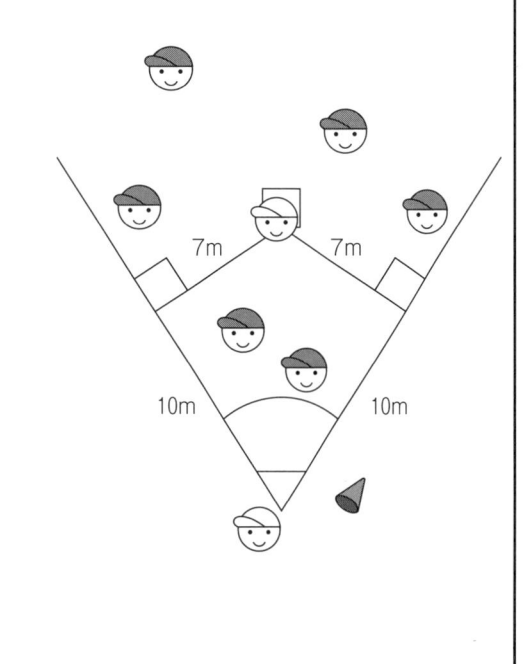

ティーボール進塁阻止方式のコート

7m　7m

10m　10m

○最終的に本塁まで戻ってきたら４点とする

○ランナーは塁と塁の間でアウトがコールされたら，アウトになる

○アウトになった場合は，それまでに進塁できたところがその子の得点になる

④　ティーボール進塁阻止方式

アウトサークルをなくして，ランナーの進塁する１つ先の塁でアウトにします。攻撃側はどこの塁まで進塁することができるか考える必要があります。ボールが飛んだところと，守備者の位置を確認し，判断する必要があります。また守備者は，ボールを捕ったらどこの塁でアウトにするかを考えなくてはなりません。点数によって守る位置が変わってきたり，あらかじめボールを送る塁を決めておく必要があります。

〈ティーボール進塁阻止方式のルール〉

○攻撃側が打ったボールを，１つ先の塁に返球するとそれ以上に進塁できない

○塁から飛び出しているときに，ボールをタッチされるとアウトになる

残塁方式のルールを残してゲームをすることもできます。ただし，その際はルールがかなり複雑になるので，「２塁を踏めたら１点，ホームに戻ってきたら２点」など，点数のつけ方を簡単にするとよいでしょう。また，１塁以外はすべて，タッチプレーとすることもルールを簡易化する方法の一つです。

ここで紹介したゲームは，野球に近いコートでゲームを行う方法です。この方法ではなく，129ページで紹介した「キックベース２」と同様のルールで，行うこともできます。そのときには，コーンまでの距離を数m後方に下げるとよいでしょう。

おわりに

　本書は，「小学校体育で育むべき『基礎感覚・技能』はこれだ！」というタイトルで，2022年4月号から2024年9月号までの2年6ヶ月間，『楽しい体育の授業』に連載した記事を，微修正して単行本化したものです。

　基礎感覚・技能を体育科カリキュラムや授業の柱にするという考えは，私たち4名の執筆者が勤務する筑波大学附属小学校の「『美意識』を育てる」を主題とする学校研究の中で，湧き上がってきたものでした。2020年から2023年までの4年間の研究は，

1年次「『美意識』が資質・能力を支える」

2年次「『美意識』を育てる授業と指導法」

3年次「『美意識』を育てる学びの系統」を各年次の副題として研究を進めていき，

4年次「『美意識』を育てるカリキュラム」の副題の下，基礎感覚・技能を柱とするカリキュラムづくりに取り組むという経過を踏みました。

　3年次には，教科の本質である「動ける体つくり」を起点とした学びの系統を立て，これをバランスよく進めることと，カリキュラムオーバーロード（過負荷）問題にも対応するという2つの課題に対応したカリキュラム作成に取り組み，4年目の最終年次に発表しました。全く新しい，本校体育研究部でなければできないカリキュラムができたと自負しています。

　そこで，この研究の経過や成果を「さらにわかりやすくして，多くの現場授業者に広げたい」「日本中の体育授業に生かしてほしい」という思いから，明治図書に『楽しい体育の授業』での連載をお願いして，全国の先生方が手に取って読んでいただける記事とすることができました。毎月の記事には，掲載の基礎感覚・技能がなぜ大切なのかを解説した上で，その基礎感覚・技能を育む教材を紹介し，授業手順なども述べてきました。

　カリキュラム，教材解説とも，実践者ならではの内容と考えておりますが，本書だけで1年間の体育授業の見通しをもつのは難しいと思われます。そんな方には，それぞれの学校の体育科年間指導計画の補助資料として本書を開くことをおすすめします。自校の体育科年間計画に採択されている教材で育まれる基礎感覚・技能を理解し，その系統を知ることで，領域や種目の枠を越えて，どんな教材とつながっているのかなどの理解を深めることができます。目の前でできなくて苦労している子どもに，「これをやってみて」と，同じ基礎感覚・技能を高める簡単な運動教材を提示することもできるかもしれません。日本中の学校で，「できた！」という喜びを感じる子どもが増えることを願い，その喜びに本書が少しでも役立てば幸いです。

　最後になりましたが，連載開始から単行本刊行まで，詳細にご指示，世話くださった明治図書・木村様に心からお礼を申し上げます。

2025年1月

平川　譲

【著者紹介】
筑波大学附属小学校体育研究部

〈著書〉
『１時間に２教材を扱う「組み合わせ単元」でつくる筑波の体育授業』『できる子が圧倒的に増える！「お手伝い・補助」で一緒に伸びる筑波の体育授業』(何れも明治図書)
『子どもたちがみるみる上達する　水泳指導のコツと授業アイデア』(ナツメ社)

〈DVD〉
『水泳が得意になる！筑波大学附属小学校の段階的な水泳指導のしかた～水に慣れる運動・クロール・平泳ぎ～』『「できた！」が増える 筑波大学附属小学校 体育授業のタネあかし～なわとび・跳び箱運動・鉄棒運動・マット運動～』(何れもティアンドエイチ)

〈その他の活動〉
体育実技講習会「実技 虎の穴」を主催
https://www.facebook.com/profile.php?id=100090258157227

体育授業研鑽会会員として，「みんなの教育技術」(小学館) 内の連載「使える知恵満載！ブラッシュアップ体育授業」を執筆
https://kyoiku.sho.jp/special/172008/

簡単・手軽で継続できる！
「基礎感覚・技能」が身につく筑波の体育授業

2025年２月初版第１刷刊 ©著　者	筑波大学附属小学校体育研究部
	平川　　譲・眞榮里耕太
	齋藤直人・山崎和人
発行者	藤　原　光　政
発行所	明治図書出版株式会社
	http://www.meijitosho.co.jp
	(企画)木村　悠 (校正)西浦実夏
	〒114-0023　東京都北区滝野川7-46-1
	振替00160-5-151318　電話03(5907)6703
	ご注文窓口　電話03(5907)6668
＊検印省略	組版所 藤 原 印 刷 株 式 会 社

本書の無断コピーは，著作権・出版権にふれます。ご注意ください。

Printed in Japan　　　　　ISBN978-4-18-302430-5

もれなくクーポンがもらえる！読者アンケートはこちらから

→